弗洛依德在地獄

SIGMUND FREUD IS IN HELL

一場弗洛伊德與榮格激烈的靈言論辯。

大川隆法 著

神不存在？宗教是一種幻想？

以這樣的信念為基礎的弗洛伊德精神分析學派

能拯救誰的心靈，為誰帶來幸福嗎？

弗洛伊德在地獄　目錄

第一篇　弗洛伊德的靈言：無神論的精神分析學可以拯救人類的心靈嗎？

二・弗洛伊德的「死後歸處」

三・對「性」異常關心的理由

四・針對「無意識」的解讀提問

五・充滿誤謬的「宗教觀」

六・嘗試說服弗洛伊德

第二篇　以宗教觀點分析「榮格心理學」——從「人類幸福學」的角度來看心理學的功過

六．「宗教」和「心理學」的相異和共通點

七．如何看待同性戀、同性婚？

第一篇

弗洛伊德的靈言——無神論的精神分析可以拯救人類的心靈嗎？

前言

以前我就覺得弗洛伊德（Sigmund Freud）的學說相當奇妙古怪，然而，身為「精神分析始祖」，他的思想於現代醫學中脈脈相傳。在他之後，出現了各種不同的學說，但是，現今他的學說仍然被當成兒童心理學以及成人精神分析的工具來使用。

他的學說主張幼年時期的性欲壓抑或幼年時期的恐懼情緒，和此人長大成人之後的各種心靈糾葛或自卑、神經各方面的症狀息息相關，但這種說法讓我覺得很詭異。一九〇〇年期間，在世界各地流浪，遭到歧視的猶太人特有的文化方面的因素，或許是促成他有這種觀點的背景所在。

乍看之下，馬克斯（Karl Marx）和弗洛伊德的主張似是背道而馳，然而，他們在造就出二十世紀之後的無神論、無靈魂論、唯物論的基礎觀點卻是相同的，「扼殺宗教」這一點也是不謀而合的。希望各位讀者先仔細閱讀本書內容。

二〇一三年九月三日

幸福科學集團創始人兼總裁　大川隆法

弗洛伊德的靈言：
無神論的精神分析學可以拯救人類的心靈嗎？

二〇二二年二月十二日
收錄於東京都・幸福科學總合本部

西格蒙德・弗洛伊德（Sigmund Freud）

奧地利的精神科醫生，「精神分析」的創始者，至今仍然是心理學等領域的代表性學者，對社會學、教育學及文學藝術也有不小的影響。另一方面，以性欲為中心的發展論也引發許多質疑。晚年，因為奧地利和納粹德國之間的戰爭而逃亡至倫敦，在倫敦結束一生。著作有《精神分析引論》、《夢的解析》、《性學三論》等。

提問者

綾織次郎（幸福科學理事兼《The Liberty》總編輯）

金谷昭（幸福科學學園部長）

金澤由美子（幸福科學指導研修局長）

〔職務是收錄之時的職位〕

靈言現象

「靈言現象」是指另一個世界的靈魂存在，降下言語的現象。這是發生在高度開悟者身上的特有現象，並有別於「靈媒現象」（即人陷入恍惚狀態、失去了意識，靈魂單方面說話的現象）。當降下外國人靈魂的靈言時，發起靈言現象之人亦可以從語言中樞選擇需要的語言，因而可用日語來講述。

然而，「靈言」終究只是靈人本身的意見，其內容有時會與幸福科學集團的見解相矛盾，特此注記。

一．檢視精神分析學的開山始祖弗洛伊德

以科學的方式探討「無意識的世界」的弗洛伊德

大川隆法：今天，我想收錄「西格蒙德．弗洛伊德的靈言」。事實上是弗洛伊德本人今天早上找上門，傳達他「希望能收錄我的靈言」的心念。

本來是預定昨天就要收錄的，結果，這個機會被摩門教（Mormonism）的第二代教祖楊百翰（Brigham Young）給搶走了。當時，楊百翰說「弗洛伊德的靈言，晚個一億年再說也無所謂」，使出了「逆襲」的招數（參考《摩門教靈查II—第二代教祖楊百翰的靈言—》〔幸福科學出版〕）。

事前，我跟弗洛伊德有過短暫的交談，覺得他是一個相當棘手的對象。我不認為他會那麼簡單就說出真心話。他儼然是精神分析學的「開山始祖」，他和達爾文（Darwin）及馬克斯，大大地改變了二十世紀之後的學問及常識的趨勢。

弗洛伊德確實透過解析「無意識的世界」而對馬克斯主義多所批判，這一點可以給予正面的評價。

然而，另一方面，他同時也是公開宣稱「我讓宗教滅絕了」的人。也許他的想法是「有我的精神分析學，宗教就再也沒有必要存在了」。

他有《夢的解析》及《精神分析引論》等有名著作，他覺得論述「無意識的世界」是很重要的。也就是說，他企圖利用科學的方式，去解析「人有一種有異於表面意識的隱藏意識」這個部分。

就這一層意義來看，他相當自負於「透過科學的角度來解析『無意識的世界』，把之前被宗教壓抑的部分，也就是將『潛在意識下的世界』從宗教當中去除，放進了科學的世界」。

弗洛伊德學派的理論已經相當古老了，所以，並沒有原原本本地被使用於現今的精神分析的診療當中，然而，如此理論造成相當大的根本性影響，卻是不爭的事實。

此外，繼弗洛伊德之後，在正規的「心理學」的領域又出現了各種不同的人，但是從某方面來說，這些人似乎都像是「因為在被基督教會壓抑下的歐美系統的宗教界中，無法成立新的宗教，所以只能以學問的形態呈現」。

但是，在弗洛伊德的理論當中，其中也含有相當多具震憾性的內容，所以，不只是看起來非常具有獨創性，似乎也在全世界掀起了巨大的波瀾。

「馬克思主義」和「唯物論」都否定「宗教」

大川隆法：當然，因為這個人是個醫生，所以，我們不可否認，在他的觀念裡有著想要「治癒與精神方面有關的疾病」的目的。一開始，他是從治療神經衰弱患者開始的，但是在這個領域似乎已經有醫界的前輩在，所以他不算是這領域最早的醫生。不過，把這個領域體系化，成為一門學問的，應該即是弗洛伊德。

而且，他在研究神經衰弱和歇斯底里等的病症時，把根源的原因帶到幼年時期的問題，這一部份現今的精神分析也是如此。對患者施加催眠，使其想起「曾經發生在幼年時期，卻完全遺忘」的事情，當那些事情回憶起來之後，問題也多半都獲得解決，這也成了醫學領域當中，心理學的理想定位之一。

但是，弗洛伊德的學說認為「被壓抑的幼年時期的性欲，從懂事的時候開始，就會變化成各種人格上的變形顯現出來，形成神經衰弱或歇斯底里、自卑感等精神方面的疾病」，這是其學說上的特徵，即便是現代人看起來也會覺得有些怪異，其中有許多非常極端的說明。

此外，關於他本身自認「已經弄清楚了」的「無意識世界」方面，他的解析和幸福科學所看到的靈界世界相較之下，有著甚大的落差。他的認知只不過是「窺見個人的內心」的程度而已。來自無意識世界的作用當中，也有來自自己本身的無意識，也就是本會所說的「靈魂的兄弟姊妹」（守護靈等，構成自身靈魂的集團）所造成的影響，此外，也有來自指導靈或附身靈，以及其他靈界的各種存在的影響。弗洛伊德恐怕無法針對這方面做說明吧？

總而言之，對於弗洛伊德批判馬克斯主義或唯物論一事，我們給予一定的評價，然而，也不能忽略他否定宗教的事實。

他有著如此強迫性的觀念，「所謂的神，扮演的是對孩子而言『可怕、威嚇、懲罰人的父親』之類的角色」，他似乎認為「宗教就是這種神的影像的投影」。

弗洛伊德的精神分析學中呈現的異常性

大川隆法：另外，如此執拗地主張幼年時期的性欲的人也著實難得一見。

事實是，他小時候與家人開車外出旅行時，似乎不經意地看到了母親的裸體。我們不知道這件事對他的心理有什麼樣的影響，但是，除了產生強烈的好奇心和興趣之外，同時也讓他經歷了「我做了不好、不該做的事。我必須要壓抑住這種罪惡感的心情」，這可能導致他度過了性衝動和必須壓抑這種衝動的念頭所折磨的幼年時期。

因為這樣的事情存在於自己的內心深處，所以在診療其他人時，他經常會想著「是不是有著幼年時期被隱瞞的體驗，只是現在遺忘了而已？如果能夠把問題的根源挖出來，應該就可以解決現在的問題了」。

從某方面來說，這些解決的方法看似是可以代替宗教，將人們帶往「幸福」的科學方法，然而乍看之下卻會讓人產生異樣感，那是因為他有過多與幼兒性欲或性器方面相關的比喻。

舉例來說，他把「突起的東西」、「凸出的東西」、「尖挺的東西」都想成「男性性器的表徵」，每當看到用數字「3」代表的像是「三個人」之類的事物，他往往就會想到「男性性器的象徵（陽具和兩個睪丸）」。

或者，看到「凹陷」、「洞穴」、「茂密」、「山間道路」，或者「難以想像地茂盛的東西」等的事物出現，就會全部以象徵學的角度來分析，解讀為「女性性器」。

尤其是針對夢境解析時，他都有企圖從象徵性的角度來分析的傾向。

如果不談「宗派」，純粹就「開拓一門學問的領域」來說的話，他確實可以說是一個開路先鋒，對人類著實有貢獻。然而，搭上弗洛伊德的流派，正式開業，解決人類心理問題的醫生當中，也有人抱持著無神論、唯物論的思考模式。這種醫生會將所有的原因，歸咎於「神經」或「頭腦」、「幼年時期遭受的虐待」等因素，關於這一點，可就讓人覺得有點不可思議。

此外，有別於這一篇的主題，雖然榮格（Carl Gustav Jung）一開始是弗洛伊德的弟子，最後卻因為意見不合而分道揚鑣。雖然無法說榮格對於宗教有所覺醒，他將心思都放在「心理學」的領域，但是，他有許多類似靈魂出竅的體驗，所以，如果他出生於不同的環境的話，可能會成為宗教家吧？從這方面來看，他是比弗洛伊德更具有靈性的人。榮格是和弗洛伊德分道揚鑣了，可是，從他本身的體驗來看，恐怕也無法理解與今世的事物牽扯過深的弗洛伊德這個人吧？

總而言之，要是我說心理學的流派本身是「走樣的宗教」，那也未免太苛刻了，不過我覺得心理學透過現代化觀點來解釋事物，所形成的脫軌或誤解的部分太多了。

召喚西格蒙德・弗洛伊德之靈

大川隆法：弗洛伊德出生於一八五六年，剛好比我早出生一百年。馬修・培里（Matthew Calbraith Perry）是在一八五三年率領艦隊來到日本，所以，弗洛伊德是在不久之後出生的，當時攘夷論甚囂塵上，正值吉田松陰等人大為活躍的時期。附帶一提，我的祖父好像也是在這個時候出生的（笑）。

總之，他是在培里前來日本之後不久出生的，於一九三九年死亡。這一年，納粹德國侵略波蘭，所以，他等於是在第二次大戰開始之際死亡的。太平洋戰爭始於一九四一年，所以，他是在日本和美國開啟戰役的不久之前，在第二次大戰開始之際身亡的。他出生於現在的捷克（當時的奧地利帝國），在維也納從事醫生的職業。

當時的維也納在學問方面的發展非常蓬勃，優秀人才輩出，也有些經濟學者是出生在維他納的，然而之後由於納粹的勢力抬頭，不少人紛紛逃往英國或美國。維也納從女皇帝瑪麗亞．特蕾莎（Maria Theresia）的時期開始興盛，值此之際開始走下坡，而弗洛伊德在當時的維也納相當活躍。

接下來，我們就要開始收錄靈言，因為會大量涉及性欲研究方面的話題，所以我想會講到「猥褻」話語的可能性極高，針對這個問題，請各位多多包涵。又因為是在公開場合，如果因此有人批評我「性騷擾」或「暴力騷擾」的話就傷腦筋了，在此要特別聲明，這並非我本身的言詞。

如果專注在這種領域進行研究的話，或許會覺得這是稀鬆平常的事。（一邊拿起手邊的杯子）我想，他是那種一看到這種東西，就會開始主張「這是女性性器的象徵」的人。

我不知道他看起來會有多麼奇怪，不過，我想，應該會出現相當多怪異的言論吧？提問者當中也有女士在場，萬一遇到這種狀況，就請抱著「弗洛伊德就是這種人」的包容心態。

不過，就我先前與他稍事對談之後的感覺，他不愧貴為「開山始祖」，應該沒有那麼好應付。我認為，所有相關問題不可能因為今天這個會晤，就可以獲得解決。

那麼，就讓我們開始吧！這是一場「宗教」與「心理學」的關鍵對戰。

（閉眼，兩手交叉在胸前）

我想召喚精神分析學的開山始祖，建立起二十世紀心理學基礎的西格蒙德·弗洛伊德。

西格蒙德・弗洛伊德啊！

弗洛伊德啊！

弗洛伊德啊！

請降臨幸福科學總合本部，讓我們聆聽你的想法、對宗教的意見，或者對於你自己現在所處的狀況或針對這些事情的見解。

Kommen Sie bitte, Freud!（弗洛伊德啊，請過來！）

（約二十五秒鐘的沉默）

二・弗洛伊德的「死後歸處」

開始進行自我精神分析的弗洛伊德

弗洛伊德：（清嗓子）啊……。

綾織：請問是西格蒙德・弗洛伊德先生嗎？

弗洛伊德：嗯，是啊！你們好像有事找我，我一直等著。

綾織：今天承蒙您降臨幸福科學總合本部，非常感謝。

弗洛伊德：嗯，你剛剛說到「科學」？

綾織：我們是宗教團體，但是對於精神分析學也非常關心。今天想請弗洛伊德先生針對您的想法發表意見。

弗洛伊德：嗯。

綾織：我相信弗洛伊德先生現在是在靈界，請問您是以什麼樣的心境？置身於什麼樣的場所？您的眼睛看到的世界是什麼樣的狀態？

弗洛伊德：嗯。有個坑洞。有很大的坑洞，我應該是在裡面吧！

現在我正在分析這個究竟是什麼坑洞，這是一個前所未見的坑洞，我想是女性性器的象徵吧？

綾織：（苦笑）

弗洛伊德：我可以確定就是女性性器的象徵。除此之外，沒有其他的可能。可是，「我在女性性器的坑洞底部」，這是怎麼一回事？我又不是胎兒。我覺得我不是胎兒，因為我還長了茂密的鬍子呢！可是，我卻在這個巨大的坑洞底部。

嗯，如果有鐵鎬，我就可以把鐵鎬敲進這個坑洞的牆上，想辦法爬到坑洞外面去，偏偏沒有鐵鎬。

我想，這就意味著欠缺男性專有的東西吧？有沒有什麼尖尖的東西可以借我？不一定要是鐵鎬，更簡單的東西也可以。鑿子也可以，刀刃也無妨，只要有可以刺進這個坑洞，讓我往上爬的東西，我就可以出去了。

我想，我是「在女性的性器當中」吧？

沒有「死亡」的自覺嗎？

綾織：自從您於一九三九年過世之後，就一直在那個地方嗎？

弗洛伊德：唔，是……你說什麼？「自從您於一九三九年過世之後」是什麼意思？

綾織：現在是二〇一二年（收錄當時）。您過世之後，已經過了七十年以上了……。

弗洛伊德：七十年。嗯，七十年。七十年。嗯。

你有一點胡言亂語的傾向，最好試著做點精神分析。

你是想告訴我你是「未來人」。唔，確實是有這種人。三不五時會有這種患者上門。

綾織：不是的，您在三九年過世……。

弗洛伊德：啊，算了、算了。未來人啊？你是來自未來。

我想你是在幼年時期受過什麼傷。幼年時期，你本來一定對未來抱有遠大的夢想，卻無端遭受挫折。你把那個經驗給忘了。

本來以為「未來一定會有好事發生」，卻經歷了某種挫折，而這個記憶卻沉入內心的深處。沉入你的深層意識當中。只要把這個經驗挖出來，你的未來人幻想就會消失的。

綾織：您記得過世之後的事情嗎？

弗洛伊德：啊？

綾織：能請您回想一下，一九三九年過世之後的事情嗎？

弗洛伊德：什麼叫「之後的事情」？

綾織：您總該知道您於一九三九年過世的事情吧？

弗洛伊德：嗯。因為我經常做夢的解析。所以，我不是很清楚，我現在是醒著在進行解析，還是在夢中進行研究？就算是夢，也許我不只是在自己的夢中，也可能跑進了別人的夢境當中了。

綾織：您是說，也許您可能不是過世了，只是進入睡眠狀態嗎？

弗洛伊德：對、對。我就說，我的感覺像是在睡覺期間進入了深層心理的世界，或者是無意識的世界當中，在四處探險之餘，就誤入了坑洞當中了。

身為精神分析醫生，我現在正在思考該如何解決這個狀況。我不是很清楚你所說的時間，我睡覺前把手錶拿下來了，所以沒有時間概念。

綾織：您有沒有一種進入那個坑洞當中已經很久的感覺？

弗洛伊德：嗯？「很久」嗎？

綾織：您進去多久了？

弗洛伊德：唔，夢境是不會有時間的。在睡眠期間，有時候會覺得好像經過了幾百年之久，有時候卻也好像只過了三分鐘一樣。我說你啊！夢這種東西是不會知道時間的長短的。

不過，老實說，你的樣子跟一九三〇年代的人相較之下，怎麼說呢，感覺非常地邋遢。

綾織：「邋遢」嗎（笑）（會場哄堂大笑）。

弗洛伊德：唔，至少不是貴族階級的打扮。

綾織：說的是。

弗洛伊德：感覺就像原本在某個工廠工作的人從低層階級，譬如從勞工階級脫穎而出，現在被轉派擔任管理職務，看起來就是這樣的感覺。

偶爾會在「今世的診療室」出沒？

綾織：您那裡可以看到其他人嗎？

弗洛伊德：這個嘛！因為我可能是在夢的世界當中，所以，有時候會有眼前場面不斷地轉換的感覺。現在則是在坑洞當中。

綾織：沒有看到任何人嗎？沒有人跟您說話嗎？

弗洛伊德：嗯。所以說，我是跌落荒野的坑洞當中嗎？

綾織：也就是說沒有任何人來過？

弗洛伊德：嗯，因為是在坑洞裡啊！

可是，本來以為是土，可是感覺又不是土，看起來好像是沾了什麼粘糊糊的粘液一樣，我想我是真的掉進女性的性器當中了。我想可能是有人要我「解釋一下我的夢境吧！」但是，我是進了母親的身體裡面吧？我不是很清楚。

你問我「有其他的人來嗎」？在夢中會見到其他的人嗎？也許會吧！可是，我現在人在坑洞當中，我想的問題是如何離開這個坑洞。

綾織：根據我們的解釋，您是回到靈界去了，現在，您從靈界當中能對生活在地上的人，或者在地上工作的人造成什麼樣的影響呢？

弗洛伊德：我覺得偶爾是有影響的。

不知道為什麼，有時候我會突然有一種，人在診療室診察患者的感覺。有時候就覺得房間裡有患者，而我在進行診察。回過神來時，人卻又回到坑洞裡了。我覺得有時候我是在看診。

綾織：您在做那樣的工作啊？

弗洛伊德：是啊！我感覺我一下在睡覺，一下又起床工作。我也會催眠術啊！我會對患者施用催眠術，探尋幼年時期的各種記憶，所以，也許我也會對自己進行催眠。或者，也許是午睡時偶然醒過來工作。

全然在強行推銷「自己的學說」

綾織：站在我們的立場，距離弗洛伊德先生活著的時代已經超過七十年了……。

弗洛伊德：唉，有你們這種「狂人集團」的存在也沒什麼不好啦！

綾織：弗洛伊德先生所確立的精神分析學，在現代也是一門非常具有權威性的學問……

弗洛伊德：有權威性。嗯。嗯、嗯、嗯。

綾織：現今為患有心病的人進行診察，大致上來說，是以承繼弗洛伊德先生所確立的「無意識的理論」的形態來進行診察。您在這方面也有相當大的影響力嗎？

弗洛伊德：唉，最近莫名地感到有點寂寥。不過說穿了，心病幾乎都是幼年時期的問題。

男性的問題大部分都出自「戀母情結（Oedipus complex）」。男孩子都有「殺父娶母」的潛在欲望。

所以，在自我成長的過程當中，會和父母起爭執，踏入社會之後，會跟相當於父親角色的「上司」或「前輩」起衝突。此外，還會和成為母親的替代品的異性邂逅，戀愛、結婚，然後又引發問題。

可是，根本的源頭都在於幼年時期和父母親之間的問題。

你看起來似乎累積了相當多的欲求不滿，建議你也許進行一次分析會比較好。我想，你在幼年時期可能經常被勒索。

綾織：（苦笑）沒有。我沒有過那種經驗。

弗洛伊德：不，如果沒有，你不會變成這種「長相」。

綾織：我覺得我的幼年時期是過得很正常、幸福的。

弗洛伊德：那是不可能的。你長得就像殺人鬼一樣，我想你一定藏有一顆相當殘忍的心。

綾織：（苦笑）

三・對「性」異常關心的理由

回頭審視自己的「幼年時期的經驗」

綾織：想請問一下您個人的事情。既然您如此頻繁地提及幼年時期的問題，我們合理的想像，弗洛伊德先生本身也有過相當辛苦的經驗。關於這一點，在您願意講述的範圍內，是否可以請您告訴我們關於您的學問的背景。

弗洛伊德：啊，我受的教育是很嚴苛的。

另外，根本的問題源自於那個吧？我想過「為什麼我對幼年性欲如此地關心？」我想也許是源自猶太人的割禮吧！

猶太人在生下男嬰之後，就會立刻舉行割禮儀式。說穿了，就是割掉陽具的包皮。動這個手術的目的，是為了避免造成所謂的包莖，但是，動這個手術之後，就會成為猶太人一輩子的印記，和其他人的差異就變得非常明顯了。從此時開始，猶太人就出現了所謂的陰莖願望，對陰莖分外地關心，所以，對幼兒的性欲也就非常地在意。

出生之後，在陰莖的包皮上動刀就代表成人了。因為這麼一來，就不會出現所謂的包莖狀態，說穿了，這等於是「成為大人的割禮」。

這也意味著很早就對性感帶施加刺激，所以，猶太人比其他的民族更早產生性的感受。也就是說，對異性的覺醒提早了。一般人在長大成人之後，差不多在十五歲左右才會覺醒的「對異性的關心」或「戀愛情懷」，在幼年時期就產生了。

一般人在幼年時期，身邊最貼近的人就是母親，所以，對母親就會產生異常的性關心。然而，對於此事，男孩當然也會有罪惡感，如果把讚頌處女瑪麗亞的基督教的影響也考量進去，那麼，幼年時期對母親產生性欲就相當於一種原罪，會讓人把這種感情當成一種人性的原貌、原罪來看待。

這種「對母親產生性欲」的心理造就了「原罪感」，進而以對父親產生攻擊性的形式顯露出來。於是，兒子就會在家裡被父親打屁股，或者受到各種不同方式的教養，然後就產生了以對母親的愛為原點的「三角關係」，父親和兒子爭奪母親的現象從幼小的時期就開始了。在這樣的家庭中長大，問題也就越大。

這種異常的性欲，隨即會反映到其他人身上，而且到了上學的年紀，就會和外界的人們建立關係，所以，我認為，如何對待幼年時期的孩子是非常重要的。

要言之，說到人類的所有疾病的根源所在，那就是「壓抑」。自我這種東西，就像竹子一樣不斷地生長坐大，所以，就算企圖用水泥塊或石塊加以抑制，總還是想盡辦法鑽出來。這場戰役就是人的成長，而當我們突破這道障壁時，痛苦和疼痛、煩惱當然就會伴隨而來。我想，這幾乎就是所有的問題所在。

如果能夠自我確認這一點，我們就可以原諒自己、解放自己。而在某個時候，我們也會發現，夫妻問題其實只是「把妻子和母親拿來做比較」而已，事情就是這樣。

我不是很清楚自己是否受過虐待，但是，我記得家裡有一把很大的剪刀，所以我有莫名的強烈恐懼感「我的陰莖會被那把剪刀剪掉吧？」總覺得好像會有人威脅我「如果你不乖，或者做了什麼調皮搗蛋的事，就要把你剪掉哦！會卡喳一聲剪掉哦」……。

綾織：事實上，您的父親確實跟您說過這樣的話吧？

弗洛伊德：可是，我覺得媽媽好像也這樣說過。

「性欲」是一切的原因所在嗎？

綾織：我有一個很單純的問題，就算性的覺醒是在十幾歲的時候發生的，但是我不認為所有的人都受到猶太教的影響，而隨時隨地在想性方面的事情。

弗洛伊德：不是嗎？你們沒有一整天都在想嗎？

綾織：沒有，沒在想啊！

弗洛伊德：沒在想？有這種事？

綾織：剛才您也提到虐待的事情，這讓人不得不產生一種想像，您是在相當特殊的環境當中成長的。

弗洛伊德：（對綾織）你好像是拿筆寫字的人，其實說起來，筆這種東西就是男性的象徵啊！你用筆來攻擊，那就代表「想用男性的象徵侵犯女性」的心情使得你振筆疾書，寫文章來批判他人。事實上，你是透過這個動作和父親對抗。

綾織：（苦笑）我完全沒有想過這種事啊！

弗洛伊德：那其實不是筆，是陽具。很小的陽具！那會讓人產生自卑吧？

綾織：我想的是公眾的正義，跟性方面完全……。

弗洛伊德：不，不是的。那就是性欲。有一種東西叫「對社會產生的性欲」。「想要支配」的心情就是你振筆疾書的動力。

綾織：我完全無法連結。很抱歉，但是對您這種論點，我感覺到強烈的「異常性」。

弗洛伊德：是異常嗎？我倒認為是永遠的真理。一旦生而為人，是永遠無法逃避的。

弗洛伊德所說的「對親生母親的情感」

綾織：關於這個議題，我想從學問的角度跟您請教。

弗洛伊德：啊，是嗎？
金谷：對不起，是關於精神分析學的……。
弗洛伊德：（對金谷）你等得不耐煩了吧？
金谷：（苦笑）對不起。
弗洛伊德：你這樣怎麼行？
金谷：您是被譽為「二十世紀的巨人之一」的弗洛伊德博士……
弗洛伊德：啊，你知道啊？
金谷：希望能夠聽聽您的想法。
現在我想針對戀母情結一事請教您，我拜讀過弗洛伊德先生的傳記，上面寫著「從小就非常聰明」……。
弗洛伊德：「非常聰明」，這句話說得好。你不錯，你可是個好人啊！
金谷：書上還寫著「是母親心目中的希望之星」。
弗洛伊德：嗯。

金谷：另一方面，針對父親的形容則寫著「非常嚴格而嚴厲的人」。

弗洛伊德：嗯，是這樣沒錯。

金谷：令堂又年輕又漂亮，非常地疼愛您，您似乎得到有別於其他兄弟姊妹的特別特遇。

舉例來說，只有您一個人有自己的房間和油燈，妹妹們彈鋼琴吵到了您，結果那架鋼琴就被扔掉了。

弗洛伊德：我現在好像聽到有人在說我「你這個戀母情結！」。

金谷：您想獨佔母親的愛，父親便成了競爭對手，您在火車上目睹了母親的裸體，對母親產生了愛意，結果蘊釀出了近親相姦的願望……。

弗洛伊德：近親相姦的願望……。你是在對我進行分析嗎？嗯。

金谷：並且與此同時，您也因此對父親產生憎惡感，關於這一點，您有何看法？

弗洛伊德：不是的，我因為熱愛母親，所以對「父親是否真的可以讓母親獲得幸福」一事產生質疑。

如你所說，我的母親還很年輕，所以，我懷疑她應該還有很強烈的欲求，可是，我的父親就像你一樣，是個無聊的人。所以，我覺得母親很可憐。如果沒有一個活力充沛的人讓母親獲得幸福的話，她就太可憐了，（環視會場）那邊好像有感覺不錯的「種馬」，我有一種想讓母親得到幸福的渴望。

所以，我想拯救母親於不幸當中，而且我也想讓母親從父親的暴君壓制當中獲得解放。

在現在這個時代也有吧？我覺得好像有很多和母親有這種關係的人坐在現場。做母親的不是都會因為兒子有出息，便拋下父親，忘情地熱愛著兒子嗎？

金谷：您是從小就一直有這種心態嗎？

弗洛伊德：是啊！現在也有這樣的人啊！有很多這種想法的人都坐在這裡啊！這不是很平常、很理所當然的嗎？

企圖用科學的方式完成「釋迦沒能完成的事情」？

金谷：可是，日後有人對弗洛伊德先生把這種個人化的心情，說得好像每個人都一樣那般普遍一事，多所批判。

弗洛伊德：啊，那個，可是啊！啊，我感覺到了，你們好像有些部分和佛教有一點關係，其實佛教也一樣。釋迦和性欲纏鬥之後才開悟的，而我則是進入闡明性欲的領域，所以，我們的論點幾乎是一樣的。

釋迦透過斷食、苦行，企圖控制性欲，而我則是透過探究歇斯底里和癲癇等，因為性欲而引發的各種疾病的原因，企圖加以解放。要言之，是因為壓抑感情而引起各種狀況，所以我想要加以解放，我想以科學的方式，來完成釋迦沒能完成的事情。

你們呼叫我來確實是有正當性的。嗯、嗯。確實是有的。

綾織：您認為「心靈的作用來自性欲」，難道您完全沒有「心靈的作用來自肉體之外的事物」的想法嗎？您認為心靈的作用，完全是因為性欲等肉體方面的事物而產生……。

弗洛伊德：不，沒有那麼單純。許多事物都來自夢境分析或夢的解析當中，而且在人類的自卑感，也就是心理糾葛方面，還是有各種不同的東西呈現。

只是，在探究「根源何在」這個問題的時候，最終還是回歸到「情欲方面的事物」，這種「為性衝動所佐證的強烈欲求」上。就是這種機制創造了人類的幸、不幸以及疾病等。

四・針對「無意識」的解讀提問

所謂的「無意識」指的就是精神作用嗎？

金澤：我在大學時專攻心理學……。

弗洛伊德：啊，這可不是「乖孩子」嗎？

金澤：只是不知道為何，弗洛伊德博士的書總是讓我沒辦法看下去……。

弗洛伊德：那可不行。

金澤：所以，我一定要請教弗洛伊德博士的想法，既然您開始談到專業領域的理念，就請以簡單明瞭的用語解說，讓像我這樣的人也能理解……。

弗洛伊德：妳說什麼啊！心理學系畢業，竟然還說「不懂」，這算什麼？

金澤：嗯，對不起。

弗洛伊德：想必妳沒有讀畢業吧？

金澤：不，我確實畢業了。

弗洛伊德：那可不行。妳啊！學位取消！

金澤：（苦笑）唔，那是因為我沒有學過弗洛伊德先生的教誨。姑且不說這個了，弗洛伊德先生所說的「無意識」，一言以蔽之，究竟是什麼東西？請您以像我們這樣的普通人或學生，都可以理解的方式說明。

弗洛伊德：所謂的無意識就是「當事人沒有自覺的精神作用」啊！

金澤：是「精神作用」嗎？

弗洛伊德：人總是以為「以表面意識判斷，自己包辦所有事物」，也就是自認為「自覺性地在做事」，事實上，在人清醒的時候，非自覺性的精神作用依然在作動，做出各種行動或判斷。我們在睡眠期間是完全沉入無意識界當中的，所以，在睡眠期間也有無意識界的活動，但是在人清醒的時候，事實上還是存在著無自覺的作用的部分、衝動行事的部分。

以妳為例，妳從早上起床之後到現在的這段期間，就有很多在無意識中進行的模式。這當中一定有不經思考就採取那樣的動作和行為、行動的部分，我是說從妳早上醒來之後的所有行動當中。

在這些行為當中，有很多是全然無法做自我分析的事物，我認為「在這些無法做自我分析的事物當中，有著支配此人命運的某些東西」。

看穿一個人沒有自覺的部分，深入到深層心理的層面，發現根本的事物。事實上，有些事情是以這種方式獲得解決的。

針對「無意識界的構造」滔滔不絕地陳述

金澤：您現在所說的深層心理是指「心靈世界」，或者是「大腦內部的作用」？是哪一種？

弗洛伊德：關於這一點，有不同的意見……誰叫這是二十世紀呢？一來凡事「都得從科學的角度來思考」，二來，這是個連猶太人科學家都可以活躍的時代，跟《舊約聖經》的時代不同了。

如果是在《舊約聖經》的時代，做夢的解析的人，頂多只有像預言家那樣的地位，然而，我們的時代已經變成一個聽不到神明聲音的時代了，而且如果針對這種靈的世界議論過多，就會變成一種迷信，所以，凡事都還是要以這個世界為中心。唉，戰爭之所以變得如此激烈、規模如此之大，理由也在於生存在這個世界是非常重要的事情。

所以，你們恐怕都有這個想法吧？「靈界的事物」或「靈魂轉世」之類的古印度思想，是很難讓人全然接受的事情。

但是，「在自認為是『我』的當中，不只有呈現在表面的事物，底下還有牢固的『自我』，再底下，更深的地方還有『超我』。而這底下還有操控超我的，更根源性的衝動『本我』」，我能看到有如此構造。

這就是無意識世界的基本構造，「超我」的部分大致上來說，只進入到個人的層面，但我認為「位於超自我底部的『本我』部分，也就是無意識的衝動，應該是與更廣大範圍的人類相串連。要言之，就像竹子靠著地下莖連接在一起，然後從中冒出竹筍一樣，事實上，人類似乎也有串連在一起的『地下莖』」。

「竹筍」從「地下莖」長出來，我們都以認為那就是自己的個性，然而，事實上，我認為人的個性當中存在有「地下莖」的部分。而「地下莖」的部分是我們必須去發現的。

所以，關於納粹，看起來像是「個人」行為，事實上，靠著「地下莖」的部分串連在一起，類似「想迫害猶太人」的「全德國的集體念力」這股強大的力量，卻積存在地下莖部分的無意識界當中。

舉例來說，往地心挖掘，就會發現地層當中蘊藏著各種不同的物質。底下有積存的石油，有岩漿，同樣地，更底下的部分有類似大池子之類的東西，而有東西就像間歇泉一樣從當中噴射而出。我們認為那是「個性」，其實，在深層的部位似是存在著「共通的無意識」。

仍然無法肯定「靈界」的弗洛伊德

金澤：我們可以把那個解讀為「靈界」嗎？

弗洛伊德：唔，所謂的「靈界」應該是一種「信仰」，所以，從科學的立場來看，不能斷言是「靈界」。

金澤：以宗教的角度來說的話，所謂的「超我」，相當於什麼？

弗洛伊德：妳是說「以宗教來說，『超我』相當於什麼」？

嗯。表面意識的影響，還很明顯地顯現於自我的部分。所以，「自我」還相當明確地反映活著的人的想法或意念、意志力。

然而，一旦進入超我的領域，就和偏離活著的人的自由意志的事物，扯上關係了。其規模比此人認為「有牽連」的意識領域還要大一些，我們可以明確地知道「決定此人的基本精神傾向的某種事物」是存在的，我想這可以稱為「超我」。

但是，關於這個超我，也許有人認為自己「可以採取個人的行動」，但是無論如何都無法逃離在更底下層面的「類似整體無意識的事物」。這就像飄浮於岩漿上面的木板一樣，永遠都無法脫離這個境況，當整體開始動作時，個人的表面意識或潛在意識都無法與之抗衡。

金澤：如果從宗教的立場來說的話，有個觀點是「所謂的『無意識』就是靈性世界，在靈界當中，存在著自身靈魂的兄弟姊妹，也有天國或地獄的存在」，對於這個想法，您有什麼看法？

弗洛伊德：就知識而言，《舊約聖經》當中也有這段文字，所以我多少知道一點，但是，就現實世界來說，根本不會有天使或惡魔出現。

「夢的世界」和靈界之間的關係

金澤：另外想再請教一件事，弗洛伊德博士的有名成就之一就是「夢的解析」。也許您會罵我是「愚蠢的人」……。

弗洛伊德：嗯，也許會取消妳的畢業資格！

金澤：（苦笑）「夢的解析」和「夢的占卜」有什麼不同？請您以最簡單明瞭，讓女性可以理解的方式說明一下。

弗洛伊德：「夢的解析和夢的占卜有什麼不同」？精神分析醫生進行的作業叫「夢的解析」，占卜師所做的就叫「夢的占卜」啊！

金澤：兩者都與潛在意識有關吧？

弗洛伊德：我說妳啊！夢也有些部分是不能這樣以偏概全的，因為我們清醒時受到的刺激，也可能會如實地顯現出來啊！

舉例來說，如果「睡前閱讀恐怖小說或繪本，或者觀賞恐怖電影」的話，在入眠期間，就會看到那些東西。也就是說，我們可能會做被怪物追著跑的夢，所以，很明顯地，起源是在這個世界，表面意識起了作用，讓人做了這種夢。如果夜裡讓小孩聽恐怖故事，孩子就會在半夜中哭醒。

所以，我還是覺得「所謂的『夢的世界』就一定是『靈界的世界』」的解釋畢竟是有問題的。

不過，有些夢境跟活在這個世界的人沒有關係，或者人在夢境中會前往「地下」，所以關於這方面，還是留有些許模糊的部分。

五．充滿誤謬的「宗教觀」

神不存在，宗教是一種幻想？

金谷：在弗洛伊德先生的書信當中，曾經用過「無神論的猶太人」這個名詞。我猜測，這是在指您本身……，

弗洛伊德：唔，可以這麼說。經常有人說我是「無神論的猶太人」。

金谷：此外，針對宗教觀，在您的《幻想的未來》這本著作當中寫著「宗教是一種幻想」。

弗洛伊德：那是很有名的作品和名句。

金谷：也就是說，弗洛伊德先生認為「神不存在」？關於這一點，願聞其詳。

弗洛伊德：唔，因為「宗教是一種幻想」這句話，使得許多醫生才有飯吃。因為本來去找宗教諮詢的人，都轉而找上醫生看病了，所以這句話是非常偉大的一句話，

很多醫生因此而不用餓肚子。

在那之前，人們可能會去找寺廟的和尚或牧師之類的人去懺悔，以各種方式解決，但是，如果把宗教當成一種幻想的話，就會發現找這些人根本沒效，以前有惡事臨頭時，人們就會說是「惡靈附身」，找人做驅魔的儀式，然而，有這種能力的人是越來越少了。

可是，如果把它當成「精神分析」的固定公式來看的話，那麼每個人都可以採用，並且，若無法像這樣反覆驗證的話，否則都不能算是科學。

宗教有長久的歷史是不爭的事實，然而，有時候卻是極端的妄想患者所捏造出來的世界，或者甚至有人基於一種訓誡的作用，為了迫使人們遵循，而透過想像神或神的教義來塑造宗教。

我們診療過相當多患有強迫性精神症的人，而歷史上的宗教家有許多就是這種強迫性精神症的人。我們把「有嚴重潔癖的人」歸類為患者，做過相當多案例的診療，他們總是會說「在善惡這方面有潔癖，對於邪惡的東西是絕對無法接受的」，或者「我有潔癖症，絕對無法忍受髒污的東西，也不能接受臭味」。可是，在這類型的人當中，我想確實是有對精神態度的善惡這一方面，有嚴重潔癖的人。

有名的宗教家當中也不乏有包容性薄弱，有著極端異常性格的人吧？我覺得這種人企圖讓眾多人相信他們憑空想像捏造出來的世界。

把耶穌基督解讀為「精神異常者」的弗洛伊德

綾織：關於耶穌．基督，您也是這樣解讀的嗎？

弗洛伊德：你是要求我幫耶穌．基督進行精神分析嗎？

嗯，我想他是一個恰當的對象，不過，我擔心會被殺，所以得慎選譴詞用字才行。

綾織：（苦笑）您已經死了呀。

弗洛伊德：啊？哪有這種事。你在說什麼呀？我現在才正想辦法要攀上山崖呢！我哪有死啊？我只是被禁閉起來而已，也許會有人對我虎視眈眈，所以我得小心一點。難不成這是基督徒的作為？應該不至於吧？

嗯，說到耶穌．基督的精神分析啊！

老實說，我覺得人類從那個時候開始就發瘋了。我認為從猶太人的角度來看的神的概念，就是在耶穌・基督的時代明顯崩壞的。

所謂的從猶太人的角度來看的神一定要是「引導救世主者」才行。所謂的救世主就是「強而有力的家長」，整個概念就是「救世主扮演負責守護家人的父親的角色，而差遣救世主的就是神」，而這些必須被守護的家人就是整個民族，也是整個人類。可是，應該要守護家人的家長，也就是耶穌卻被迫戴上荊冠，受到鞭打，甚至被釘在十字架上，遭到殘忍的殺害，導致家長制的神的概念整個崩壞了。

而且，他死了也就罷了，竟然還讓他復活，所以大家才把耶穌捧成了神。「完全的本末倒置」就在這裡發生了。

事實是，「這個世界的王」，同時也應該是「真理之王」的人，在這個世界算是毀滅了吧？他竟然在這個世界的時空裡慘敗。如果以「這個世界的王」是凱撒的事實來看，那麼，這整件事就成了一個謊言，於是就出現了「那個世界的王」之類的「靈界之王」的概念。

也就是說，耶穌成了「天國之王」，而這個概念也因為猶太民族遭到迫害，猶太民族遭到滅國而倍受質疑。

在現實的世界中，他只是一個毀滅的象徵，然而卻透過保羅等人的傳道，將似乎可以創造神之國似的幻想種子散播到全世界各地，這就是基督教的傳道。從「將人類本末倒置的偉大宗教」的角度來看，基督教確實是偉大的宗教。

綾織：耶穌．基督相當於「精神異常者」嗎？

弗洛伊德：當然，不是嗎？那是當然的。

我並沒有說「只有他精神異常」哦！他只是被抓到遭到殺害罷了，所以，也許他只是個普通人。不過，那些奉他為「神」，或者是「神之獨子」的人們肯定是精神異常的人，都是典型的宗教狂熱者。

只要有「醫生」，「神職人員」就是多餘的？

綾織：對弗洛伊德先生而言，所謂的「精神正常、思緒井然有序的人」是什麼樣的人？

弗洛伊德：以現代來說，應該只有醫生算是吧？頭腦聰明清晰、受到父母的稱讚，在這個世界裡，獲得來自社會的信任，金錢上也不虞匱乏，享有崇高的地位、倍受尊敬，甚至有人尊稱他們為「老師」。這樣的人就是醫生，這是最正常的人。我們不需要神職人員，只要有醫生，這個世界就已經足夠了。

從這一點來看，創造這個主流的就是我吧？

綾織：也就是說，您的認知是「在現代，醫生是集信仰和尊敬於一身的人，居於最高位」？

弗洛伊德：沒錯、沒錯、沒錯、沒錯。不是這樣嗎？你們都坐在這裡談這種「潛在意識」的東西，所以說，沒能進醫學系的人們都集合在這裡吧？

金澤：弗洛伊德博士剛剛說「耶穌．基督是精神異常者」……。

弗洛伊德：不，我的意思不是說基督是異常的人，而是那些利用基督，建立宗教，並將之擴大的人們，絕對是患了集體的歇斯底里症。

金澤：您還說「耶穌只是被殺死的人」，針對「復活的奇蹟」……。

弗洛伊德：說起來那是一種妄想。

金澤：所謂的「復活的奇蹟」是妄想嗎？

弗洛伊德：如果妳相信這種事，那病情就已經超過普通病房的範疇了，就快要移往隔離病房了。

金澤：是嗎？

靈的存在「只要可以善用，也可以視為實際存在」？

金澤：那麼，弗洛伊德博士不相信奇蹟或天使、惡魔的存在囉？

弗洛伊德：唔，杜撰的故事當中可以存在任何事物啊！

金澤：如果那不是故事，而是現實的存在，您有何看法？

弗洛伊德：我就說，妳問的問題就像是在問「彼得潘是否存在？」或者「真的有聖誕老人嗎？」之類的問題，所以，大人要怎麼回答都無所謂啦！

如果站在「善導孩子」往好的方向發展的話，就可以說「聖誕老人是真的存在的喲！只要你乖乖地過這一年，聖誕節的時候，他就會按照你的願望，送你想要的禮物」。事實上，禮物是父母送的，不過，真有人這麼做也無妨，而當這種事情「已經不適用」的時候，當它不存在也無所謂。

彼得潘也一樣，你可以告訴相信夢想世界或童話王國、魔法世界的人，他是真實存在的，這個彼得潘，因為發生許多趣事，所以也變成是「哄孩子上床睡覺」的工具。

金澤：也就是說，靈的存在屬於「如果是為了孩子的教育著想，讓這種說法存在也無可厚非」的層級嗎？

弗洛伊德：嗯。所以，我想，如果「有效」，可以善加利用的話，讓它看起來像真實存在也無妨，但是我無法證明。

岔開「無意識」話題的弗洛伊德

金澤：您說「沒有所謂的神佛或眼睛看不到的世界」，可是，那為何您卻相信眼睛看不到的「無意識的世界」或「潛在意識」呢？

弗洛伊德：妳問我「為何相信」？事實不就存在於現實當中嗎？妳能夠明確地回想從早上開始，自己所採取的所有行動嗎？

金澤：嗯。我想我可以。

弗洛伊德：聽著，妳是不是什麼都不用想，就自然地來到這裡？

金澤：您是說，那變成是一種「習慣」？

弗洛伊德：妳所說的「習慣」就是無意識呀！所以，無意識已經進入妳的自我當中了。

金澤：聽起來像狡辯。

弗洛伊德：不，沒這回事。人不是在意識到所有事情的情況下做判斷的。譬如「你是用右手拿麥克風或者用左手拿」這件事，並不是你刻意去做判斷之後才決定的……。

金澤：不，我確實是經過判斷，因為我必須用右手拿鉛筆。

弗洛伊德：……。原來如此。原來如此。原來也有這種事啊？嗯。原來如此。

金澤：要言之，您是不是只是隨便說說而已？

弗洛伊德：妳那種拿麥克風的姿勢，十分淫蕩啊！

金澤：為什麼？

弗洛伊德：妳看起來像在舔男性的性器一樣。

金澤：我覺得您這樣說太失禮了！對女性是很失禮的！

弗洛伊德：不是，這個人（大川隆法）不是一開始就公開宣稱「有話直說」嗎？

一腳踏入宗教領域的榮格是「人格產生破綻」嗎？

金谷：對不起，打個岔。

弗洛伊德：嗯。

金谷：您現在提到無意識的話題，以弗洛伊德博士的立場來說，針對無意識，您就像現在這樣，全部都轉換為性方面的問題嗎？

弗洛伊德：你倒是很關心嘛！

金谷：另一方面，榮格博士把這種「個人的無意識」，和另外一種「集團的無意識」明確地區隔開來，他說過「事實上，集團的無意識是和許多人串連在一起的」。也就是說，他提倡一種比您個人所說的無意識更大格局的無意識。

此外，他還有一個見解「在集團的無意識當中存在有各種 archetype（原型）做為一種象徵」，對於榮格博士，您有何看法？

弗洛伊德：榮格啊！他的人格是有破綻的！

金谷：人格有破綻？

弗洛伊德：嗯。他的人格產生破綻，以至於從科學的世界一腳踏進宗教的世界。這是不行的，他的人格出現破綻了。

而這就是歷代的宗教家走錯的路。所以，在他們探究人的內心世界，或者躲起來修行期間，會發生許多異常的現象。他們會聽到、看到、體驗到各種現象。當自我還能控制這些現象時，就不會出現破綻，可是，榮格的人格已經發生破綻了。

他出現了「自我分離」的狀況，開始提到「前往無意識的世界，看到各種事物」，或者「前往地球以外的地方」之類的胡言亂語。這很明顯的就是異端。我認為，這已經脫離科學的領域了。

另外他說到「archeytpe」，他說的是「原型」吧？

金谷：是的，就是「原型」。

弗洛伊德：我覺得「原型」這種說法，是一種非常狡詐的說法。

金谷：狡詐嗎？

弗洛伊德：「原型」這種說法絕對不是科學性的說法。

這種說法就像是，假設有一個circle（圓圈），不管是在維也納找到，或者在英國找到，亦或是在美國找到，只因為別的地方也有這種圓圈，所以就說「在人的心中有這種原型的圓圈」。

我覺得這種說法聽起來有點狡詐的感覺。

「靈的現象是誤解或偶然發生的」的見解

金谷：但是，榮格博士認為「在瞭解或者體驗靈性世界的過程當中，就可以解析無意識的世界」。

舉例來說，您跟榮格博士在一起時，聽到兩次的爆炸聲，第二次的爆炸聲是在榮格博士說完「還會發生一次哦！」之後發生的，據說當時您感到非常驚訝。

榮格博士是這樣探究看不到的世界、靈性世界，然而您卻是認為「一切都可以用性方面的世界來解讀」。

弗洛伊德：不，你說的可能是靈異現象，或者，也有人說是鬧鬼現象（Poltergeist）。但是，那是比我們的時代要更早之前的東西，從一八〇〇年代開始就非常有名了。

這些現象未必都是經過科學驗證的，靠著魔術手法也可以發生，而且也有其偶然性，所以，也不是因為榮格在場時發生，就代表那種事情就隨時都會發生。在這種所謂的靈異現象當中，也有很大的部分是因為誤解或偶然而發生的。

舉例來說，老鼠不是會在天花板上亂跑嗎？我們可以解讀為「有某個靈在騷動」，也有時候書本會在偶然的狀況下，從書架掉下來。這不是不可能的事情。因為有時候就是會發生這種事情。

唉，榮格就是因為深陷這種誤解當中，所以宗教色彩變得太濃了，導致他身為一個學者，卻無可救藥地演變成一個異端。

人是根據「幼年時期的體驗」做判斷的？

金澤：您現在這樣批判榮格博士，但是從異端這個角度來看，我覺得弗洛伊德博士也是「相當異端」的。

因為，您從剛才就多次提到，「我們的一生取決於幼年時期的經驗和創傷」，我覺得這種理論是極端被扭曲的。舉例來說，有很多人雖然背負有心理創傷，卻能夠克服創傷，活得抬頭挺胸，獲得社會的尊敬，關於這一點，您有什麼看法？

弗洛伊德：唔，說是幼年時期，其實人在十歲之前，都還記得自己的孩童時代的事情。然而，從十歲左右開始接觸學問方面的事物，學習各種事情，而且都儲存在頭腦當中時，幼年時期的體驗就會漸漸地被淡忘。

然後，等我們長大成人，在做各種判斷時，我們都以為是「透過自己的學習和學問發展出個人的思緒，做出各種判斷」。然而很多人都無法理解，事實上這是「小時候母親或父親教導的事情，還有自己體驗過的事情等從腦海中泉湧而出」，很多事情是必須由精神分析的醫生來解釋的。

所以，人際關係方面的挫折之所以發生，有很多其實是我們在幼年時期存在著一個被隱藏的自己，但是遲遲沒能被發現，因而引起的。就我所見，大部分的狀況，唔，八成到九成左右，根源都在幼年時期。

宗教始自「性的壓抑」嗎？

金澤：以理論而言，我可以理解。但是，從宗教的角度來看，不斷地回顧、反省過去，譬如「重新看待過去那些被父母發怒對待的經驗，或者是被某人傷害的言語，進而解決問題」，如此情況也是有的。

然而，弗洛伊德博士卻將原因全部歸咎於性方面。我個人認為，未必只是這樣，您為什麼一直執著在性方面的觀點上呢？

弗洛伊德：人最強烈的欲望就是性欲、食欲、睡眠欲這三種欲望。人是被這三種欲望操縱著的。

關於食欲，也許我不該多說什麼，因為另外有人針對食欲，根據體型來進行性格分類，我想有其他的專家認為「氣質因體型而有異」。

舉例來說，肥胖的人屬於「循環質」，這是躁鬱症的起始。情緒會上上下下，起伏不定。

或者「纖瘦的人偏神經質」或「肌肉型的人屬粘著質」等，有這種想法的人也不在少數，所以，把食欲和這種觀點串連在一起來思考，也許也沒什麼不好。

或許也有這種解讀方式，但是就我本身來說，我並沒有感覺到食欲的部分對我有那麼大的影響，而睡眠欲的部分，或許有一點進到潛在意識裡面。

不過，關於性欲的部分啊！說起來，從猶太教徒開始，到基督教，還有佛教等，所有的宗教都一樣，所謂的宗教幾乎都是從「性的壓抑」開始的。

所以，所謂近代的這個時空，就是從宗教中獲得「啟蒙」，或者說是與宗教「脫離」，然後透過哲學，與宗教的部分切斷關係，而也因為哲學與宗教分道揚鑣，所以科學從此一路發展過來。要言之就是「因為把『世界』從教會中分隔開來，所以科學才能發展」。

但是，說到「宗教的根源是什麼」，總歸一句話就是「性欲的壓抑」。你們的團體一定也是這樣吧？我想你們就是把性欲的部分，拿來當成種種問題做討論，說三道四，然後加上全人格的判斷。我個人認為，這是宗教當中最罪大惡極的一件事。

宗教不思以看待其他事物一樣的態度來研究、判斷，只異常地凸顯性欲的部分，以罪惡視之，同時又有刻意壓抑的傾向。這種壓抑感長年如頭上的重石一般，一直在壓迫著人類，所以，今後，將性欲解放是很重要的事情。

所以，我要告訴你們事實，讓你們覺醒「啊，原來我是被這種觀念給束縛住啊！」然後將你們解放。人都有著習慣，會對事物有莫名的關心，但是透過理論來說明「自己為何會有那種習慣」，那麼，因為學問而醒悟且具知性的人，就可以解決自己的煩惱了。

綾織：基督教確實存在著這種壓抑的體制，所以我很能理解您想表達的意思。

弗洛伊德：是壓抑啊！宗教就是一種「壓抑的體系」。

論述人類成長過程的馬斯洛心理學是「賺錢的心理學」？

綾織：有別於弗洛伊德博士所確立的，根基於性衝動的心理學，也有像馬斯洛主張的那種讓人成長、成功的心理學。

弗洛伊德：那根本就是「賺錢的心理學」！

綾織：（苦笑）賺錢的心理學不行嗎？

弗洛伊德：我沒那麼想要賺錢。但是，因為結了婚，沒有錢就沒辦法生活，所以在無可奈何的情況下，只好開業行醫。其實若有生活資金的話，我大可不用當醫生，當個研究人員也行，但是，不為患者看診就沒飯吃，唉！說起來就是沒辦法的事呀！

像這種宣揚人的成長歷程的心理學的人，主要的目的就是在賺錢。

綾織：說起來，人都是從幼年成長為青年、成人的，所以，我認為，符合該時代需求的心理學，或者心理的觀點是有其必要的。

就這一層意義來看，很抱歉，我有一種感想，那就是「弗洛伊德博士所確立的心理學，有一部分或許也是符合這種觀點的，但是如果拿來做為所有分析的基準，也許是太狹隘了一點」關於這一點，您有什麼想法？

弗洛伊德：聽我說，就宗教的角度來說，就會變成是你這樣說法。你若是要這麼對我說，那我也來給你一些暗示喔！

「你今天晚上會做夢。會有一把大剪刀追著你跑，要來剪掉你的『東西』。卡喳卡喳地追著要來剪，你因為很害怕，便做了逃命的夢。由於『批判偉大的弗洛伊德的學說』，你失去了『自己』。失去了身為男性的威嚴。你將會做那樣的夢。這種強迫觀念就產生了」。

這就是人的「罪惡意識」的開頭。

「宗教威脅信徒『破戒就會下地獄』」的偏見

綾織：（苦笑）您這種馬上就跟性扯上關係的思考模式，看起來實在是很不可思議。

弗洛伊德：所以我不是說過嗎？事實上，宗教是個問題。宗教基本上是從「性欲的壓抑」發展而來的。最近，好像有一些不刻意壓抑性欲的宗教出現，但基本上，宗教就是經過壓抑，以忍耐的態度面對某些事情而形成的。所以，只要制定禁忌項目或「戒律」，威脅信徒「只要打破這些教條，就會下地獄！」宗教就會產生。

這些教條當中，以食欲的禁忌最好操作，舉例來說，「斷食」這件事，到處都有人做。猶太教有，回教也有，連佛教或許都有斷食這種事，但是，這都不是多困難的事情。

性欲這種東西若像貓一樣，只有在二月左右時發情的話，那倒落得輕鬆，可是，基本上，它是一年到頭隨時都有的。就因為是一整年都會產生，所以相當難以控制。因此人們便靠著道德法律之類的東西強行壓抑控制。而且企圖將之塑造成一種社會規範。

然而，這種作法其實是有其不近情理之處，所以，那些與自然人性背道而馳的部分，就從別的地方爆發出來，讓人們開始出現異常的行動。

研究「性的問題」就可以解開人類社會的祕密？

金澤：我想您可能從小就在宗教這方面，受到父母的嚴格教養，吃了相當多的苦頭，如果我解讀您的行徑是「以那些經驗為主，繼而創立學問」的話，您會介意嗎？

弗洛伊德：嗯。

金澤：您是根據自己的體驗，而產生「這對人類而言是非常重大的事情」的想法，所以，您以自己的經驗為根本，將之體系化的嗎？

弗洛伊德：嗯。「性的問題」確實是很不可思議的吧！看過宗教書籍的話，或許就會發現有所謂的神的話語，或者各種神的作為，但是，就人類根據善惡所採取的行動進行思索來說，是非常重要的。

此外，當我們思考男性的行動時，萬萬不能漏掉女性的存在。從女性的目光來看，充滿魅力的……唔，我不知道用雌雄這種說法恰不恰當，但是，為了成為有魅力的雄性動物，孔雀會拼命地張開牠們的尾巴來炫耀自己。而自然界裡的其他動物們則是以不同的形態做同樣的事情。

所以，研究這箇中的機制，應該就可以解開人類社會的祕密吧？

「性欲的壓抑」是人際關係衝突的原因嗎？

金澤：為性方面的事情所苦，或許是普遍存在的問題，但是，我認為，投注在性方面的能量也可以轉而投注在別的事物上。

弗洛伊德：不，說出這種話這件事本身，就已經意味著是「以宗教的角度看事情的人」了。

我並不否定有所謂的「宗教式的人格」，並且，會以這種方式闡述意見的人，大致上都是有「宗教式的人格」的人，如果只停留在一個適度的層級的話倒還好，但是，一旦超越了某個層級，壓抑體系變強的話，人格終究會產生破綻，開始做出一些奇怪的事情。

結果就會造成人際關係上的衝突，譬如，親子或兄弟姊妹、夫妻之間的衝撞，或者轉化為職場上的人際糾紛，然而卻還是有許多人不懂得「那就是原因所在」。

金澤：您之前提到「食欲、性欲、睡眠欲」這三大欲望，如果只以這三種欲望來分類，似乎就像在討論動物一樣。超越這種欲望，追求崇高的理想，譬如，發明各種東西以對人類社會有所貢獻，或者抱持著對於人類有幫助的人生態度，這樣才能算是「人」，不是嗎？

弗洛伊德：精神分析學不是崇高的思想嗎？

金澤：不是這個意思，精神分析學是非常了不起的東西，但是，其標準……（苦笑）。

弗洛伊德：所有學過的人都說應該反覆研讀我的作品，不是嗎？

金澤：我就沒看過。

弗洛伊德：只要看我的作品就可以了。

金澤：不，我沒看過。

弗洛伊德：只要妳看過，就不會走上宗教這條路了。

金澤：也許我該慶幸我沒看。

六・嘗試說服弗洛伊德

覺得自己可以暫時從地獄的「洞穴」當中脫身是很不可思議的事情

綾織：您現在似乎是在坑洞當中，您應該很想從裡面出來吧？

弗洛伊德：嗯。這是什麼意思？

綾織：您很希望從那裡出來吧？

弗洛伊德：我現在是出來了嗎？這樣子就算是出來了嗎？咦？這可奇怪了。好像有離開坑洞的感覺……。

綾織：您現在暫時是離開了。

弗洛伊德：為什麼我可以出來？如果沒有登山鐵鎬之類的東西，應該是出不來的。

綾織：因為大川總裁召喚了您的靈，所以現在您才能在這裡。

弗洛伊德：關於這件事，我的理論稍嫌不足，有點搞不清楚狀況。

綾織：待這邊的對談結束，您又會回到坑洞當中。

弗洛伊德：嗯，回到坑洞當中嗎？

綾織：「使用登山鐵鎬」也許是脫離那邊的方法之一，不過，我想，您一直想到性器方面的事情，或許是塑造出您現在這種處境的原因。

弗洛伊德：不對，如果你是一個充滿善意的人，你只要到坑洞上方來，垂下一條繩子給我就可以解決問題了，不是嗎？

綾織：現在就是垂放繩子給您的狀態啊……。

弗洛伊德：這樣就是垂放繩子？

綾織：是垂放繩子了。

弗洛伊德：是這樣嗎？嗯。

回應提問者的「唯性器論」的用語

綾織：有一種學說叫唯腦論，而感覺上弗洛伊德博士的想法上就是「唯性器論」一樣。

弗洛伊德：唔，或許吧！

綾織：您的重點是「性的衝動，影響了一切事物」，但是，這是一種學問……。

弗洛伊德：所以我說，男女性的問題，基本上也是一樣的。

男人基本上都有陽具自卑，有一種劣等感。所以，陽具大的人就認為「身為男人是很偉大的」，開始耀武揚威，而陽具小的人就產生自卑感，把自己看扁了。可是，當男人靠著課業或運動，或者其他的事物來彌補自身之不足，獲得他人的稱讚的話，就可以克服這種陽具自卑的情感了。

女性則是反過來的。因為發現到「我沒有這種東西」，基於「如果我是『神所創造的事物』，那麼神一定漏了一樣東西，神忘了給我一樣東西」的想法，於是天生就具有身為「劣等民族」的意識。

針對「我曾經是一個純粹地追求愛情的正常人」的反駁

金澤：如果老是想著性方面的事情，我想，就會產生不是很好的情感來，譬如「佔有欲」或「嫉妒心」，您怎麼說？

弗洛伊德：嗯。那倒是很常見。嗯。是很常見、是很常見。這種情形是很常見。

金澤：舉例來說，聽說您在二十六歲的時候，邂逅了日後成為妻子的女性，您對她幾乎等於是一見鍾情，然而因為經濟上的理由，你們沒辦法立刻結婚，您在四年的婚約期間，寫了九百多封的情書。

弗洛伊德：有人說這是「太過漫長的春天」。

金澤：要是說「熱情如火」，聽起來是很好聽，可是，是不是等於證明您的嫉妒心是非常重的……。

弗洛伊德：嫉妒心重？

金澤：嗯。後世也有人這樣分析，您有何看法？您的佔有欲很強嗎？

弗洛伊德：嫉妒心重嗎？嗯。嫉妒心重……。

妳似乎說中了我的要害啊！

金澤：不，我只是率直地想知道弗洛伊德博士的學問的本質而已。

弗洛伊德：我個人可不是像你們所想的是那種「性格異常，深陷於性當中的『開膛手傑克』之類的人」。

我不是這樣的人，我可以證明「我是一個單純地追求愛情的正常人」，我是一個徹底地可以追求正常的男女情愛的人，但是卻專注於分析異常的人們。

這樣不能證明「我是一個多麼正常的人」嗎？

將「大量使用令人不快的用語」正當化的弗洛伊德

金澤：依我的觀點，科學或學問都有應該說是非常客觀的一面吧？就是「從各種角度進行分析，加以實證」，但是，弗洛伊德博士的重點算是「集中一點突破」吧？我覺得有這種味道，不知道您有何看法？

弗洛伊德：所謂的「精神分析」不就是那樣嗎？醫生這種職業就是當有人找上門，探討個人的人生問題的時候，往往就會進入對方內心世界模糊的部分。

所以，當有女性們上門來諮詢時，醫生的立場就很容易轉變，往往會出現身為女患者的丈夫的幻想。唔，這是非常棘手的關係，一個不小心，有時候上門諮詢的女性及其丈夫還有醫生之間，就會形成三角關係。

所以，為了避免形成這種三角關係，「氣定神閒地使用會招惹女性不悅的用語」就是一件很重要的事情，因此，該用的時候就是要用。因為一旦使用令人感到不悅，使用你們不以為然的用語，就可以築起一定的「防波堤」，以避免形成三角關係。

女性患者就像我說的這樣，一定會對醫生產生戀愛的感情。不是在大型醫院，一次有很多人同時進行諮詢的場合，而是在一對一的情況下，反覆地接受醫生諮詢時，女性患者就會產生一種戀愛的情愫，所以，避免這種情況發生是非常重要的。

為了避免出現這種情況，醫生都會大量使用你們所不樂聽見的「陰莖如何」或「性欲如何」之類的用語。事實上，醫生是透過這種方式，拉下一道客觀的「布幕」，企圖拉開距離的。妳明白嗎？

綾織：您隨時都把話題回到這個主題上呢！

開始承認自己「喜歡坑洞」的事實

綾織：我想請您一起思考如何從那個坑洞跳脫出來的方法。

弗洛伊德：我喜歡坑洞嗎？

綾織：應該是喜歡吧？我想就是因為您喜歡那個地方，所以才會去到那裡的。

弗洛伊德：是我的潛在意識喜歡嗎？嗯。

綾織：是的。您就是沒有辦法從自己執著的部分跳脫出來嘛！？

弗洛伊德：嗯……。

綾織：因為您總一定會把問題帶往性的方面。

弗洛伊德：為什麼沒辦法從坑洞裡出來？如果坑洞代表從子宮到女性性器的部位，那麼，嗯，對了，只要知道從子宮到前端的部分，是不是就可以「那個」？。就可以出來了嗎？可以來到「內側」嗎……。

時而會收到來自尼采的「信」

金澤：您沒有可以來幫您的朋友嗎？或者，您的老師也可以。

弗洛伊德：不行不行。我與所有的宗教為敵，所以，「宗教家對我伸出援手」，這種事情是不可能發生的。

金澤：我想不一定要是宗教家啊！大學的老師也可以，或者其他的熟人也可以，您有尊敬的人，或者喜歡的人嗎？或許可以對那些人發出求救訊息……。

弗洛伊德：不行啊！我雖然人在坑洞當中，但是聽說「馬克斯正在繭或什麼東西當中睡覺」。大家都在各種不同的地方睡著呢（參考《馬克斯．毛澤東的靈性訊息》〔幸福科學出版〕）。

綾織：有尼采這個人嗎？

弗洛伊德：啊，有耶！有耶！

綾織：兩位交談過嗎？

弗洛伊德：我們是同時代的人嗎？

綾織：當您還活著時，是同一時代……，

弗洛伊德：啊，發生過的事情就是發生過啊！唔，他是個有名的人吧？

綾織：有「最近談過話」或「有什麼來了」之類的事嗎？

弗洛伊德：尼采、尼采。啊，之前有寫信來。

綾織：信？

弗洛伊德：嗯，感覺就像有信掉到坑洞裡面一樣。

綾織：是什麼樣的信呢？

弗洛伊德：嗯。信上寫著……。寫著什麼呢？就是類似「有個奇怪宗教號稱『科學』，小心不要被他們逮去洗腦」之類的警告……。

綾織：哦。那是這一陣子的信吧？（參考《公開靈言 尼采啊！神真的死了嗎？》〔幸福科學出版〕）

弗洛伊德：嗯，是啊！我記得上頭寫著「小心不要被『洗腦』了。這些人非常地執拗，因為都被『洗腦』了，想要讓他們『洗心革面』幾乎是不可能的事情。所以，

得要牢牢地守住自己的立場」之類的事。

綾織：原來如此。偶爾會來信嗎？

弗洛伊德：嗯，好像是。有時候，似乎……。

綾織：是嗎？那麼，有進行交流嗎？

弗洛伊德：沒有，我沒有打算要跟他往來，但是，似乎……。嗯，我不是很清楚。

與達爾文的交流

綾織：另外，事實上，最近我們把達爾文請到這裡來，請教了他一些事情（參照《進化論——一百五十年後的事實——達爾文／華勒斯的靈言》〔幸福科學出版〕）

弗洛伊德：達爾文也是個偉人不是嗎？

綾織：他也會寫信來嗎？

弗洛伊德：唔，他是個有勇氣的人。但是，他並沒有像我們一樣從事深入人的人格內在的高難度的工作。他從事的是動物的研究，所以領域畢竟不同。

動物專用和人類專用是有所不同的。達爾文是在「動物醫院」工作的。

綾織：實際上兩位並沒有接觸吧？

弗洛伊德：我是在「人類醫院」工作。

綾織：沒有特別談到什麼話吧？

弗洛伊德：但是，我覺得也不是「全然沒有」。

綾織：有什麼互動嗎？

弗洛伊德：他似乎確信「人是從動物進化而來的」。嗯，從這個觀點來看，就算剛才有人質疑我「跟動物不是一樣嗎」，我也不會感到退卻，因為達爾文先生有那麼強而有力的發現。

馬克斯宛如「吸血鬼」一般被禁閉？

綾織：您說馬克斯置身於繭當中，所以沒有辦法交流？

弗洛伊德：嗯，他說自己好像變成吸血鬼一樣。也不知道是繭還是棺木，就覺得自己置身於其中，還被打進十字架什麼的。

那傢伙大概是做了相當不好的事情吧？

綾織：（苦笑）

弗洛伊德：我可沒有提倡唯物論那種低劣的思想。

現在的狀態是「診療空檔所做的夢」

綾織：馬克斯置身於繭當中，而您現在處於掉入坑洞當中的狀態，說起來，其實兩位的狀態是一樣的。

弗洛伊德：可是，這個東西怎麼看都像是牆壁，可又不是牆壁，嗯，感覺還是像女性的性器。

綾織：馬克斯也身故了，目前處於一個稱為地獄的世界裡被隔離起來。

弗洛伊德：地獄……。我知道「地獄」這個名詞，可是這是無法證明的吧？

金澤：您說「無法證明」，那麼，請問您平常都在做些什麼？我想您一直都沒進食，您不覺得餓嗎？

弗洛伊德：啊，所以我不是說我是「在診療的空檔，一不小心就迷迷糊糊地做了夢」嗎？

金澤：可是，總之，您就是沒吃東西吧？「一直不吃不喝」不就是代表「沒有活著」嗎？

弗洛伊德：你說我「沒有進食」，可是有人能在午睡期間吃東西嗎？

金澤：那麼，您現在為什麼在說話？

弗洛伊德：嗯？

金澤：您現在為什麼在說話？這像是在午睡的狀態嗎？

弗洛伊德：啊，我是在夢的世界當中，被叫到某個地方去了吧？

金澤：那個所謂的「夢的世界」，不就是靈的世界嗎？

弗洛伊德：我現在大概是來到「彼得潘的世界」吧？我有點覺得莫名其妙，還有一件事我不是很清楚，這個狀態有點偏離了我的理論吧？所謂的「如果是無意識界，那麼應該沒有自覺才對，可是我卻可以在有自覺的情況下，存在於無意識界」這件事，現在讓我很難理解。

綾織：所謂的「無意識界」也是靈界的一部分。基督教也有同樣的主張，您死後成為了靈，處於回到那個世界的狀態，對吧？

弗洛伊德：既然如此，那麼，我現在就得回天國去了。我從來就不知道天國有這樣的坑洞。

綾織：很遺憾，您現在是處於非天國世界的狀態。

弗洛伊德：你說「非天國」？

綾織：是的。

弗洛伊德：你說得這麼斬釘截鐵！你能以科學的角度做說明嗎？

綾織：現在的狀況是「分析客觀的情報之後，發現事情可能就是這樣」。

弗洛伊德：其實你也想進入坑洞當中，對吧？但是，你進不了，所以出於嫉妒才這樣說的吧？

質疑精神分析學「沒能拯救人們的事實」

綾織：您現在似乎也還在工作。

弗洛伊德：我是在工作啊！

綾織：我想您現在做的應該是身為「精神分析醫生」的工作吧？

弗洛伊德：嗯。如果是尊敬我的人，偶爾就可以在夢的世界中與我相見。

綾織：可是，現代有一個非常嚴重的問題，心理有病的人都去看精神科……。

弗洛伊德：精神科啊？嗯。其實是正確的，正確，其實很正確。

綾織：但是，那種地方並沒有為患者做詳盡明確的分析，只是讓患者拿一大堆的藥……。

弗洛伊德：是讓人睡覺的藥吧？

綾織：心理的疾病如果遲遲治不好，也會有人自殺的。

弗洛伊德：所以，一旦信了宗教，就會覺得「自殺的人會下地獄」，而如果不信宗教，就不用到地獄去了。

綾織：日本每年因為自殺而回不了天國的人，將近有三萬人之多，以全世界來算的話，人就更多了。

弗洛伊德博士所建立的精神分析的想法，對這一部分也造成非常大的影響。

勉強將「自殺」和「性欲」連結在一起的弗洛伊德

弗洛伊德：「自殺和性欲」啊？嗯。新的作品倒可以考慮這個主題。

綾織：（苦笑）我想也有些事情和性欲是沒有直接關連的……。

弗洛伊德：自殺和性欲……。如果沒有了性欲，不就會自殺了嗎。人就是有性欲才沒有自殺呀！

綾織：唔，也許也有這樣的人。

弗洛伊德：因為性欲一定會轉化成生存欲望。

綾織：自殺有各種不同的理由，我想，問題不只在性欲。

弗洛伊德：沒有了性欲的人是會自殺的喔！

綾織：言歸正傳，您的思想對現代造成了很大的影響，說起來也許很失禮，但是我要請教一下，關於這一部分，難道沒有「罪過」嗎？

弗洛伊德：（環視會場）不，這些聽眾聽我的論述之後，內心都很有感受。我可以感受到大家心中對我的尊敬和讚嘆「不愧是知識分子！」大家感受到了你們遠遠不及我的東西。

學問上的修為，果真是有差異的啊！

綾織：不，我倒覺得是需要某些反省。

弗洛伊德：反省？反省在宗教上來說，就是佛教的「那個」吧？

認為「榮格因為迷信，所以被『淘汰』了」的弗洛伊德

綾織：剛才也提到了「有沒有能夠幫助您的朋友」的問題，榮格博士認同宗教的部分，而且緣份也夠，是不是可以請他過來？

弗洛伊德：榮格是個背叛者。那傢伙相信迷信的東西。所以他被淘汰了。

金谷：不是因為他對弗洛伊德博士的「性一元論」之類的論述，產生質疑的關係嗎？事實上，阿德勒（Alfred Adler）博士（一八七〇～一九三七，奧地利的精神醫學專家）的情況也一樣，他跟同伴或弟子之間也形同陌路，這是事實。

弗洛伊德：因為我是個頑固的人。嗯，確實是很頑固，也許是這樣吧！

七・關於和惡魔打交道一事

診察前來造訪的希特勒

綾織：關於「現在人在坑洞當中」一事，我想也是有人靠著書信與您取得聯絡的。此外，關於天使或惡魔不存在一事……。

弗洛伊德：啊，之前有客人來過呢！

綾織：有人來是嗎？

弗洛伊德：那是客人嗎？我不認識，是一個叫希特勒的人。

綾織：啊，是嗎？是這樣啊！

弗洛伊德：嗯嗯。他說「想看醫生」。

綾織：想看醫生？

弗洛伊德：我是不知道原因何在啦！

金澤：您為他進行診察了嗎？

弗洛伊德：做了、做了、做了、做了。

金澤：情況如何？

弗洛伊德：我非常清楚，他的問題果然還是出在性欲上。他的性欲異常地發達，為了滿足那種性欲，他必須「侵略」全歐洲的女性，倘若做不到，性欲就沒能得到宣洩。嗯。

沒有名叫「盧西弗」的患者

金澤：我想，其他希望讓弗洛伊德博士進行精神分析的人，一定大有人在，譬如，有沒有一個叫盧西弗（Lucifer）的患者前來求診？

弗洛伊德：嗯，沒有這樣的患者啊！那是出現在古代的預言書上的人，不是嗎？

金澤：嗯，預言書。

弗洛伊德：他不是變成墮落天使的人嗎？

綾織：有人認為「墮落天使是不存在的」，但是，之前有沒有以這個名字存在的人曾經來過？

弗洛伊德：唔，只是因為有一個叫米爾頓（John Milton）什麼的人，把他寫在故事當中才讓他變有名的吧？

金澤：啊，您是說《失樂園》吧？

弗洛伊德：唔，一個眼睛看不到的人寫書，那倒是挺簡單的。

發下「這世上沒有人有資格指導我」的豪語

金澤：那麼，最近有以患者的身份來造訪的人嗎？我想，希特勒算是最近的人。

弗洛伊德：最近……。唉，希特勒是一個迫害猶太人的人，所以，總還是會想要消弭自己的罪過吧？

綾織：有沒有前來指導或者傳授您各種事情的人？

弗洛伊德：你是說，有人可以指導我？

金澤：就是啟發或者給您建議的人。就是您說的，有人把信丟到坑洞裡……。

弗洛伊德：所謂的指導我，那可是大事一樁呢！

綾織：是、是，我知道您是個了不起的人。

弗洛伊德：可以指導我……。唔，是有其他的同業，但是說到指導……。

綾織：有沒有偶爾可以讓您諮詢的人？

弗洛伊德：嗯。說到指導……。說到指導這樣的層級……，我想想。在這個世界上，有那種有資格可以指導我的人嗎？嗯……。

金澤：世人都說「弗洛伊德博士創立了偉大的體系」，但是，弗洛伊德博士在學生時代沒有尊敬的人，或者覺得值得做為參考的學說之類的嗎？我覺得再怎樣，您都不可能從完全的「無」當中創立學說吧？

弗洛伊德：是有個從事研究歇斯底里現象的老師。嗯，不過，我覺得我後來變得比他偉大多了，所以，跟他無關。

把前來救贖自己的保羅誤認為「患者」

綾織：譬如，名字出現在《聖經》當中的人……。

弗洛伊德：你是問我這樣的人有沒有來過？

綾織：是的，有嗎？

弗洛伊德：你們還真是活在故事世界當中啊！

綾織：就算是故事也好。

弗洛伊德：故事當中……，《聖經》當中有名的人……。

綾織：是的，您既然說您是在「夢中」，那麼，我相信一定會有各種不同的人出現。

弗洛伊德：啊，經你這麼一提，我覺得好像一個叫保羅的人針對「變態性心理」來找我診察過……。

綾織：啊，保羅來過嗎？

弗洛伊德：嗯，保羅以患者的身份前來說「希望您幫我分析，我有多變態」……。

綾織：（苦笑）他不是來說服您的嗎？

弗洛伊德：啊？這是相當久之前的事了。不是最近，是很久以前。你說來說服我？我不清楚，不過，他呀！他有在自我反省「現在該如何消弭創立基督教的罪過」。

耶穌是被釘死在十字架上的吧？而說他一定會復活，把基督教變成一個世界宗教的人不就是保羅嗎？保羅有說謊的習慣，所以才會宣稱「眼睛瞎了的人，後來又重見光明了」，然後創建了基督教。世界上的人們就因為這樣而不得不壓抑住性欲，飽受折磨，我覺得他是為了消弭這個罪過，所以找上我表達懺悔之意，接受我的診察。

金澤：很抱歉，我在想，其實他是來拯救您的吧？

弗洛伊德：是嗎？

綾織：說起來，保羅跟基督教或猶太教都有緣，所以，我想他是來救您的。

從來沒有想過「過去世」的弗洛伊德

綾織：剛才您提到「在現代，醫生才是人們最應該信仰的人」……。

弗洛伊德：嗯，醫生不是最偉大的嗎？

綾織：我覺得您就是創立了某種教義，而成為一個類似教祖一般的存在……。

弗洛伊德：唔，是這樣嗎？

綾織：您是否有記憶您在過去曾經創立宗教，或者活於宗教當中？基督教當中也許沒有輪迴轉世的想法，但是關於投胎轉世……。

弗洛伊德：過去啊？我沒有想過。

綾織：在您的記憶中，有那樣的人生經驗嗎？

弗洛伊德：你是說「像我這樣的人存在過去人類歷史中」的這種事嗎？

綾織：是的，在您的記憶中，曾經從事過類似的工作嗎？

弗洛伊德：在人類的歷史上，究竟有沒有像我這樣的人存在過？嗯……，

綾織：我是說從事足以與弗洛伊德博士相匹敵的工作的人……。

弗洛伊德：唔，說到類似的人，我想，像提倡地動說那種學說的人，或許符合這種資格吧？

綾織：唉……。您也許有點搞錯了。

弗洛伊德：唔，就立下豐功偉業來說，我們不是很類似嗎？

綾織：嗯。

向別西卜學習「使用催眠術的方法」

金澤：我想請您再多跟我們談談傳說的故事。剛才您提到「盧西弗是出現在古代的預言書中的存在」，那麼，對於別西卜（Beelzebub）您有什麼看法？

弗洛伊德：別西卜……。這個名字倒是聽過呢！

金澤：聽過？

弗洛伊德：不是寫在《聖經》上嗎？就是在《新約聖經》裡？

金澤：他沒有來拜訪過您嗎？

弗洛伊德：別西卜、別西卜……。啊，別西卜這個人啊，他是操控睡眠的人啊！

金澤：操控睡眠？

弗洛伊德：嗯，操控睡眠。因為，我們必須對患者施與催眠術。施了催眠術之後，讓患者回溯，使其回想起幼年時的事情，所以，我們同時也是催眠師。因此……。

金澤：那麼，您從別西卜那邊得到了幫助？

弗洛伊德：是啊！我覺得好像得到協助了。

金澤：是嗎？也就是說，您是他的弟子嗎？

弗洛伊德：啊？是弟子嗎？他好像有教我「催眠的施用方法」……。

金澤：他教您了？

弗洛伊德：我有這種感覺。

綾織：最近也跟他有交流嗎？

弗洛伊德：你問我最近也有嗎？嗯，別西卜……。啊，是有過。這個人是存在的。

他確實是跟「催眠術」或「睡眠」有關的人呢。這個人支配著我們的「睡眠」。支配「睡眠」……。

金澤：這麼說來，他跟您是相同領域的人嗎？

弗洛伊德：蒼蠅、蒼蠅……，別西卜他也被稱為「蒼蠅王」。唔，我不是很清楚，不過，就像你們在大學聽課時，一遇到重要的部分就睡著一樣，他這個人就是在這個時候發揮作用的。

與別西卜或盧西弗在「夢的世界」交流？

金澤：您說「在催眠術的施用方法上受教於別西卜」，也有人說盧西弗這個人置身於與別西卜類似的地方。關於盧西弗，您完全一無所知嗎？

弗洛伊德：我覺得盧西弗這個人好像有教過我「性衝動這種東西對人類有多重要」。

金澤：他教您這個觀念嗎？

弗洛伊德：他說過「這是人的根本，因為有性衝動，所以人之所以為人，所以才會建立起人類的帝國」。

綾織：也就是說，他的工作就是幫助您嗎？

弗洛伊德：不，我不是很清楚。現在我人在夢的世界當中，有點搞不清楚，不過我記得好像有哪個地方是和他有關聯的。

金澤：這麼說來，您應該不是孤單一個人的吧？

弗洛伊德：不，我是孤單一個人的……。

金澤：可是，現在您說有人教授您事情。

弗洛伊德：怎麼說呢？可是，因為是在夢的世界當中啊！所以，寫在《聖經》上的東西，有可能以某種象徵性的形態出現，所以，也許我說的是不一樣的人。

「摩西是埃及公主之子」的「離譜理論」

金谷：弗洛伊德博士在最晚年的時候，寫了一本叫《摩西與一神教》的書，當中陳述了一段「摩西不是猶太人，其實是埃及人」，感覺近似妄想的「離譜理論」。

弗洛伊德：你說「離譜理論」……。你竟然有這麼新潮的說法（會場哄堂大笑）。

金谷：（苦笑）是的。您說過這麼奇怪的理論，不知摩西先生是否曾前來拜訪過您？

弗洛伊德：唔，摩西不就是埃及人嗎？那不是故事嗎？他真的就是埃及人啊！

金谷：在《舊約聖經》中有寫道「他是以色列利未族的父母所生的孩子」。

弗洛伊德：不對，他的出身是「隨著葦草船漂流，被公主撿到，呵護有加，撫養長大的」。這是太過制式的老故事的既定模式。

因為是固定的模式，就顯得太過制式了，事實上，應該是公主和父母不認同的對象有了孩子，後來把孩子生了下來。所以，鐵定是埃及人，錯不了的。

何謂在「夢中」相會的「日本仰慕者」？

金澤：我想有不同的老師或支援者之類的人前來，進一步幫助您琢磨學問，那麼，現在用「地上」這個詞或許有語病，所以我用「夢中的世界」來形容，對於這夢中世界的人，請問您有對誰講述您的主張嗎？

弗洛伊德：在日本人當中還有許多我的仰慕者呢！

金澤：舉例來說，有誰呢？

弗洛伊德：妳是說在夢中相見？

金澤：是，就算是吧！

弗洛伊德：我感覺到偶爾會有人來……。

金澤：來者何人呢？

弗洛伊德：我覺得好像有日本人來看我。叫什麼來著？

金澤：是松本清張？

弗洛伊德：不是，我不知道這個人。

金澤：不像是這樣的人？是思想家嗎？

弗洛伊德：他說他叫養老孟司？感覺好像有那樣的人來過……。

金澤：養老孟司。其他還有什麼人？

弗洛伊德：另外還有……。

金澤：您知道中澤新一這個人嗎？

弗洛伊德：中澤新一嗎？中澤新一、中澤新一、中澤新一、嗯……。

金澤：他出版過很多書。

弗洛伊德：嗯，岸田秀或者中澤新一、島田裕巳，這些名字似曾聽過。

金澤：原來如此。

弗洛伊德：嗯。

宗教的世界看似「螞蟻地獄」

綾織：今天非常感謝您的特地前來。

但是，剛才提到的盧西弗、別西卜、尼采、希特勒等人都是在地獄裡的人……。

弗洛伊德：唔，你們要站在宗教的立場這樣說，那也是你們的自由。

綾織：嗯。另外，保羅並不是地獄當中的人，所以，我希望您能夠邀請保羅前來，聽他怎麼說，以做為今後的參考。

弗洛伊德：哼，憑保羅那樣的學識是無法駁倒我的。

綾織：可是，很遺憾的，現在您似乎置身於地獄當中，所以，今後您對於自己在精神分析學方面所陳述的內容，是不是應該好好地反思一下呢？

弗洛伊德：唉，你們似乎在宗教的世界裡成了「俘虜」了。我雖然在坑洞當中，但是，你們現在卻是在「螞蟻地獄」裡面，我要怎麼做才能把深陷「螞蟻地獄」，或者「研磨缽」當中的你們給拉上來呢？

綾織：請您仔細看清楚您自己現在置身的環境……。

弗洛伊德：啊，看來，我得提出新的理論，出版一些剛才提到的《自殺和性欲》之類的新書來「啟蒙」你們才行了。

綾織：我想您是置身於一個非常孤獨的世界裡，所以請您務必要思考清楚「原因何在」？

主張「對神的愛」是一種偽善的弗洛伊德

弗洛伊德：我想，你們和我們對「愛」的概念一定是不一樣的吧？

綾織：我想是完全不同的。

弗洛伊德：我還是以性愛為出發點。

綾織：「非根基於肉體的愛」是存在的。

弗洛伊德：你們這些傢伙一定是那樣想的吧？你們想大肆宣揚「聖職者的愛」之類的理念吧？在我看來卻只是一種「偽善的愛」。

金澤：是對神的愛。

弗洛伊德：唉，算了。有這種人存在也無妨。但是，請你們在「惡害」不過度肆虐的範圍之內，自己講講就好了，這樣我就可以睜隻眼閉隻眼了。你們就安份地在「螞蟻地獄」裡面建立你們的教團，可別從裡面爬出來。

綾織：哪裡的話。「對神的愛」是普世的常識，我們當然會抱持著如此信念生活下去。

弗洛伊德：請務必要重視學問性。必須要清楚地知道，「不能不經求證就相信」。

綾織：今天有幸能夠徹底理解弗洛伊德博士的心理學，真的非常感激。

弗洛伊德：嗯。

大川隆法：好的，謝謝你（連拍兩下手）。

八・打破「顛覆真實的思想」

透過此次靈言所瞭解的弗洛伊德

大川隆法：到了這種程度，真的是讓我們雙手一攤了。太厲害了，影響實在太大了。

綾織：的確影響很大，我想醫生基本上都受到這種影響。

大川隆法：醫學和宗教衝突的根源就源自於此吧？

如果弗洛伊德所建立的學說被廣泛運用，就可以否定掉宗教的世界，那麼，剩下的問題就是如何處理關於肉體的部分。

在這樣的潮流當中，醫院裡「正規」地進行醫療行為，但是本來應該被歸類為「淫祠邪教」的東西，卻以科學的面貌存在著。

也就是說，醫生不是讓患者服用鎮定劑就結案，要不就是像以前一樣，探究患者的心理創傷之後，就算是完成病例的處理，這樣就算是解決問題了。

但是，很出人意外的，弗洛伊德和他視為辯論對手而多所批判的馬克斯或者是達爾文等人卻沆瀣一氣，建立起了二十世紀之後的重大潮流，這是不爭的事實。

可是，說也好笑。這個人無法從坑洞當中爬出來，給人的感覺就像誤入食蟲植物當中一樣。

這也許也是一種象徵，代表地獄正是適合這個人的環境。所謂的「出不來」的狀態就相當於是遭到隔離吧？

綾織：是啊。

大川隆法：因為遭到隔離，所以是處於不自由的狀態，但是基於某些關係，他偶爾可以和其他的人進行交流。

透過這次的靈言，我們瞭解到「與性衝動相關的部分似乎與盧西弗有關」，而「在催眠方面，則好像與別西卜相關」。

另外，似乎也包含有「基督教完全是個本末倒置的世界，是一個瘋狂的宗教」或者「想顛覆世界的普世價值」的概念。

針對各種學問的正邪，必須「根據靈言進行檢驗」

大川隆法：在從事學習活動時，如果沒有仔細選擇學問的對象，那是很危險的事情。在宗教學或佛教學當中也有這種現象，所以確實是很恐怖的事情，不管是達爾文，或者是弗洛伊德、尼采、馬克斯，提示每個人的靈言，提供給社會大眾瞭解或許是一件很重要的事情。因為我們無法從其他的管道去瞭解事實，對吧？

但是，這其中也有讓人覺得無可奈何的一面，有時候就算有新學說出現，也只會被視為純粹只是觀點的不同而已。因為以他的說法，可以說是「非常具有獨創性」。

說穿了就是「有人提出了一種觀點。會解讀的人就解讀，能領悟的人就領悟」。

在文學的世界當中也有幾種「地獄文學」。而思想界也有「地獄的思想」，學問領域則有「地獄的學問」。連「地獄的藝術」也有吧？我覺得這是我們莫可奈何的事情。

總而言之，弗洛伊德以理論自我武裝，堅不可摧，所以要讓他的這種自我產生崩壞並不是那麼簡單的事情。

話又說回來，為什麼會出現這種狀況呢？

追殺宗教的啟蒙主義的「負面」

大川隆法：但是，之前他說了一件讓我產生一點興趣的事情，他說「戰爭規模變大，可以大量殺人一事和唯物論日益擴大影響層面一事有著某種關係」。

如果「在那個世界有天國．地獄之分，有所謂的地獄這個世界」這種說法屬實的話，就可以為殺人一事踩下剎車，所以，「唯物論規模日益擴大，以至於無法踩剎車」和「研究大規模而有效率地殺人」或許也是有所關聯的。

唔，說起來真是遺憾啊！之前都沒有進行過弗洛伊德的靈言活動，而且我隱約記得以前好像說過「弗洛伊德墜入地獄」一事，現在證實「果然是這樣」。

在創立幸福科學大學之前，很多事情是必須要經過確認的，站在弗洛伊德的角度來看，這也算是一種「幸福論」，是去除人類的不幸，使人類獲得幸福的學問吧？

綾織：不只是醫學，感覺上，對學問或思想方面似乎也造成相當廣泛的影響。

大川隆法：確實是啊！「唯物論」和「達爾文的進化論」還有「弗洛伊德的無意識的世界」全部合體，產生了影響。而在這種「無意識的世界」當中，或許還混雜著許許多多的好壞事物。

他基本上是不承認幽靈等事物的存在，我想，至今他也還不知道自己就是幽靈。因為身陷嚴密的坑洞當中，他大概也無從得知吧？

綾織：因為他對於夢這種事情瞭解得非常透徹，所以我想他可能一直處於觀看夢的世界的狀態吧？

大川隆法：有個名詞叫「做學問的笨蛋」，學問也有其難懂之處啊！因為置身於混沌不明的世界當中，即便拼命學習的是一些奇奇怪怪的東西，也沒辦法脫離捨棄。

總而言之，弗洛伊德的思想是嚴峻追殺宗教的事物之一，其他還有馬克斯主義或達爾文主義、尼采等各種不同的埋葬神明的哲學存在。

在近現代的啟蒙主義的潮流當中，有「成為讓這一世的世界發展的原動力的一面」，也有「顛覆事實的一面」。

很遺憾地，能夠讓他回到天國的力量是「不存在」的，這種毒素還在世界各地擴散，仍然沒有淡化的趨勢，所以，除非相信這種學說的人減少，瞭解真實的信仰的世界或宗教的世界的人越來越多，否則是得不到救贖的。

雖然他被關在「監獄」裡，但是從某種意義層面來說，就如他所說的「如我的學說所論述，看起來就像是被禁閉在女性的性器當中」。

說起來很可憐，這對「精神分析學」的世界可能會造成衝擊。

綾織：說的是。

大川隆法：唉，這真是一個令人遺憾的開頭。

那麼，我們就此結束吧？謝謝各位。

綾織：謝謝。

後 語

幼年時期「弒父」的潛在無意識，或許和因為恐懼一神教降罪於人類而否定神的觀念是串連在一起的。

弗洛伊德和與其分道揚鑣的榮格之間的差異在於，榮格實際上是個靈能者，所以在謹守心理學這種學問型態的同時，明確地相信靈或靈界、神的存在，但是弗洛伊德只把靈界界定在夢境或者受到壓抑的感情層級。

沒有發現到自己已經化身成靈，成為靈界當中地獄界（綜合無間地獄和色情地獄之類的地方）的一員，仍然執拗地持續分析他人的精神狀況，此人所呈現的無明狀態著實可悲。他雖然接近無意識的世界，卻仍然間接地支持達爾文或馬克斯的唯物論帝國，這樣的罪愆是很重的。這三個人再加上宣稱「神已死」的尼采或許可以稱為破壞二十世紀的猶太四人組。

於今之世，醫學界必須敞開心胸，放眼靈界。

二〇一三年九月三日

幸福科學集團創始人兼總裁　大川隆法

第二篇

以宗教觀點分析「榮格心理學」——從「人類幸福學」的角度來看心理學的功過

前言

本篇的主旨在於從宗教的觀點，分析承繼弗洛依德（Sigmund Freud）之衣缽，堪稱是心理學界的巨人榮格（Carl Gustav Jung）的心理學。

心理學被視為醫學療法的一個領域，文科當中也有心理學科，對我們這種職業宗教家而言，很難分辨其是敵是友。

現在在美國等國家，星期日上教會是一種文化上的風俗習慣，在保有葬禮和土葬權利的同時，很多人在平日也會找特定的精神科醫生，解決心理上的問題。在日本，傳統宗教缺乏人生諮詢的實用性，所以接受信徒諮商的新興宗教，經常和精神科醫生的工作相衝突。

宗教家對心理學感到不滿的最主要原因在於，避談靈性存在或靈界的如此學問態度，這疑似與否定信仰的唯物論有串連之嫌。到底榮格有什麼樣的想法呢？請各位讀者仔細閱讀。

二〇一三年十二月十八日

幸福科學集團創始人兼總裁、幸福科學大學創立者　大川隆法

以宗教觀點分析「榮格心理學」——
從「人類幸福學」的角度來看心理學的功過

二〇一三年十月十三日　榮格的靈示
收錄於東京都・幸福科學教祖殿大悟館

卡爾・古斯塔夫・榮格（Carl Gustav Jung，一八七五年～一九六一年）

瑞士的精神科醫生、心理學者。致力研究深層心理，創立分析心理學的理論。一九二一年發表代表作品《原型論》。二九年針對曼荼羅，以共同著作的方式出版了《黃金之花的祕密》。此外又於四八年創設榮格研究所，確立了榮格派臨床心理學的基礎和傳統。

提問者

武田亮（幸福科學副理事長兼宗務本部長）
石川雅士（幸福科學宗務本部第一秘書局局長）
宇田渚（幸福科學宗務本部第一秘書局組長）
酒井大守（幸福科學宗務本部理事長特別助理）
齊藤愛（幸福科學理事兼宗務本部第一秘書局長兼學習促進室顧問）
〔職位是收錄之時的職位〕

一・繼弗洛伊德之後，從「宗教觀點」分析榮格

與弗洛伊德中途分道揚鑣的榮格

大川隆法：前些日子，我們降下了「弗洛伊德的靈言」（前篇），而今天我想研究一下榮格，其實之前我就曾考慮這麼做了。

榮格被視為弗洛伊德的後繼者，他們一起活動好一陣子，後來決裂了。從這個事實來看，他們的關係是非常險峻的，如果以宗教來說，他們也許變成了分派的形態。因此，我覺得在研究榮格的時候，如何解讀弗洛伊德就變得非常重要了。

對於弗洛伊德，基於「對抗馬克斯的無神論唯物論，解析無意識世界，目光略微轉向人性的內在」這一點，確實也有人認同他的功績。

可是，弗洛伊德和榮格起衝突的原因，追根究底，看似就是在於「是否認同宗教方面的事物」。

在弗洛伊德的心理學中有各種不同的說法，重點在於他堅決採用的手法是「當人長大成人，精神上出現異常或者痛苦的狀態時，大致上都是幼年時期的體驗方面有問題。多半的原因都是遭到父母的虐待，或者遭到性方面的欺凌所造成。只要探究這方面的問題，找出原因所在，將表面化的煩惱冰釋就可以解決了」。

然而，針對人們的各種不同煩惱，弗洛伊德太過於偏向認為是因為性欲的壓抑而引起，或者基於幼年時期的負面體驗所導致，因此，他似乎樹敵頗多。

而正當他在四面楚歌的時候，榮格又看似把手伸向「薩滿教」或「超自然現象」、「宗教」的領域，弗洛伊德遂口出狂言「那些是低俗的世界，我們得把腳步停駐在科學的世界當中」。

即便是心理學，去看手相還是看八卦，甚至看臉相或看什麼都無所謂。但是，心理學所發展出來的理論當中，有一種方法是「像聯想遊戲一樣，讓人把想到的各種事情原原本本地說出來」，然後觀察說出每一句話的時間，如果有特別不順暢或者遲遲說不出話來、說出意料之外的話語的時候，就可以推測受測者的內心深處可能有障礙，進而去解開這個內心的葛藤之謎。

這種作法乍看之下當然似乎是非常科學的，但是前幾天我看到電視連續劇《算命大師說》的首播時，發現陰陽師有著各種不同的「道具」，這才想到，宗教是不是也使用道具做事？

到底心理學是被塑造成代替宗教的嗎？要言之，心理學是企圖將宗教定位於學問之外或科學之外而成立的嗎？針對這一點，有其「不可思議」之處，而且我們也不知道，心理學本身能夠彌補宗教到什麼程度？

此外，學習心理學的人當中，有很多人也對宗教抱持關心，那是因為一旦學習到「深層心理」的領域，兩者終究還是會產生關係的。

榮格同時也是相當有能力的靈能者

大川隆法：此外，有人說，榮格心理學的特徵就是嘗試從「心理的問題」往「靈魂的問題」去進行探究。

我們不知道，如果從心理學的角度來看的話，這究竟是反其道而行？還是倒退？亦或是進化？然而從宗教的立場來看，靈魂是本來就存在的，所以所謂的「刻意經過種種的嘗試之後，抵達探索靈魂的門檻」的現象，看起來似乎也不完全算是進步的。

問題是，榮格本身就是個相當有能力的靈能者，卻又企圖從科學的角度來做自我分析，這一點帶有某種悲劇性。

舉例來說，有一個很有名的事件，榮格和弗洛伊德在書房裡談話時，書架上突然發出砰的一聲。榮格說「剛才有聲音響起吧？」可是弗洛伊德卻說「那是偶然發出的聲音」。於是榮格就說「不，這世上沒有所謂的偶然。聲音會再次響起，請你等著看」結果，後來果然又發出砰的聲響。

這就是所謂的靈異聲音，類似靈異現象，但是弗洛伊德的看法卻是「不能深入探究這種事物」。

另一方面，榮格不知道是有一種類似預知的能力，或者是透過靈性感覺知悉某些事情。之後，榮格也體驗過宛如從大氣層之外眺望地球的經驗，有可能那是「靈魂出竅」的現象，而且他好像也做過「預知夢」。

在夢的解析中當然也涉獵到這兩種現象，而在第一次世界大戰開戰之前，榮格好像就做了許多相當悲慘的夢。

舉例來說，他多次看到「許多人被殺，浮屍於水面上。四周化為一片血海，城市荒廢傾頹」的景象，他自己也因而陷入混亂當中。

如果說他是「有預知能力的人」，可能解釋起來還不會那麼複雜，但是因為他試圖以科學的角度來分析這個夢，所以有些部分是永遠也無法釐清的。結果，他在第一次世界大戰中存活下來之後，似乎才明確地瞭解到該夢境所代表的意義。

雖然經歷過許多大大小小的事情，但是榮格

榮格研究所　榮格於一九四八年與共同研究者及後繼者們一起在瑞士蘇黎士設立了榮格研究所。開始推動培育榮格學派分析家的教育計畫，確立了榮格學派臨床心理學的基礎和傳統。

本身還活到了八十五歲左右，所以，我想他的影響力還是很大的。

以日本人來說，河合隼雄似乎是率先前往榮格研究所學習，取得證照回到日本的人。剛到榮格研究所時，他好像說過「感覺上像是山中的新興宗教一樣」這樣的話。

從這個角度來看，榮格派的人似乎有深度的迷信，同時又有著凡事愛講究吉凶的傾向。

召喚卡爾·古斯塔夫·榮格（Carl Gustav Jung）博士之靈

大川隆法：那麼，這個人是什麼樣的人呢？

關於弗洛伊德，我們非常清楚他的立場。但是，榮格是一個可以成為我們的夥伴，值得拿來研究的人呢？還是跟我們不同類型的人呢？

此外，如果他還有其他的意見的話，我們也願聞其詳。在幸福科學大學創立人類幸福學部的時候，能否加入心理學方面的課程，似乎也有考量的餘地。

（對提問者們）和過去一樣，我們要把透過所謂的「靈言」來探究真實一事，以

「宗教分析」一詞來取代，從宗教家的角度來對心理學者進行精神分析。也就是說，我們想透過宗教分析，反過頭來分析心理學者，各位的立場就是站在分析醫生的立場提問，鑑定對方是什麼樣的人。

除了這兩個人之外，還有其他的心理學者，但是，只要瞭解這兩位的想法，大致上就可以知道整個概況了，所以，我想先弄清楚他們的想法。附帶一提，我想也有人會提到所謂的「成功心理學」之類內容，這種人的想法或許比較接近幸福科學的宗旨。

那麼，現在我想就召喚卡爾・古斯塔夫・榮格博士前來吧。

卡爾・古斯塔夫・榮格博士啊！

卡爾・古斯塔夫・榮格博士啊！

心理學的泰斗啊！

請降臨幸福科學大悟館，針對在您回到靈界之後，對於現今心理學的看法，以及對於弗洛伊德及其他人們的想法，或者，如果您對宗教有什麼看法，都請如實開示，

若能對我們後進多所引導，實屬萬幸。

我們是一群探討靈界事物的人，現在要針對心理學能否成為一門學問一事進行探討。

請針對心理學在學問、科學的領域方面是否也具有意義一事，不吝賜教。

（約十秒鐘的沉默）

二・何謂「心理學」

質疑心理學是否能探究本來的「真實」

榮格：嗯，是要對我做「精神分析」嗎？

武田：早安。請問是卡爾·古斯塔夫·榮格博士嗎？

榮格：啊，是的。

武田：今日大駕光臨幸福科學大悟館，非常感激。今天我們想為榮格博士做精神分析……。

榮格：可以啊！如果你們做得來，就請放馬過來！

武田：不，我們不敢有如此不敬的想法。

就如剛才大川總裁所說的，在闡述現代的心理學之際，弗洛伊德博士和榮格博士是不可或缺的人，我想，說兩位「創造了現代心理學」也不為過。

尤其是榮格博士，您透過深層心理的探究，創立了「分析心理學」。也有人稱為「榮格心理學」，對後世有非常巨大而顯著的影響。

榮格：嗯，嗯。

武田：榮格博士過世之後已經過了五十年了，所以，我們想知道，以您現在的觀點來看，對於「榮格博士所創立的心理學究竟是什麼」這一點有何見解？請多多指教。

榮格：唔，我也有「這種所謂的心理學究竟是什麼」的疑問。

我曾努力嘗試將倖存於科學萬能、突飛猛進的時代當中的心理學領域，進行科學上的定位，但是卻發現，輸面是相當大的。

所以，我質疑我自己是否探究了其「真實」，因為感覺上反而更增添其混沌度，似乎更讓人摸不著頭緒了。

譬如，如果有人對我們說「你之所以進入宗教，是因為幼年時期曾遭到父親的虐待」之類的話，我們也許會想「是嗎？」也或許不是如此，但對方有時還會加碼對我們說「不對，你只是忘了罷了」。

宗教方面在這個部分，也有各種不同的作法，各個領域或許都在進行也說不定。

所以，要把這種東西納入科學當中的學問領域，是相當困難的，這也是不爭的事實。這樣做究竟恰不恰當，有著讓人質疑的餘地。

對「眼所不見的世界」的存在深信不疑

武田：依榮格博士之見，如果將您本身所創立的理論之本質，進行整理歸納，您覺得是什麼呢？

榮格：嗯……。我想瞭解「真正的世界」。

武田：是的。

榮格：所以，我跟各位一樣，對「真正的世界應該不只有眼睛看得到的世界」一事深信不疑。

可是，要是有人問「可以用世人能夠理解的形式來說明這件事嗎？」需要的工具卻又稍嫌不足，沒有辦法盡善盡美。

也有人企圖以世間的理由，或者來自大腦或神經、體驗所形成的記憶等，來說明人們的各種煩惱或心理糾葛，當然有一部分是這些因素造成，但是，影響層面畢竟是有極限的。

我對於「直覺」有著一定程度的信任，而且我相信「這個世界上沒有所謂的偶然」，嗯，這也是一種直覺，但是我就是有這種看法。

所以，我覺得，今天被各位呼喚至此也「不是事出偶然」。

我相信在這之前，各位就有多次想要收錄「榮格的靈言」的想法，卻遲遲無法如願。然而，到了籌建幸福科學大學的階段，終於達成所望了，不過，我想這也「不是事出偶然」。

在我看來，這就像有巨大的網眼一般的東西，將存在於宇宙表面的「三次元世界」和位於其內側的「無意識世界」串連在一起一樣，這不是偶然發生的，事實上，所有的事物都像現在的網路或行動電話一樣，各種東西都是串連在一起的。

所有的事物都根據「因果的理法」相串連

武田：您對「世界」的定義是「不只有三次元的世界，還有無意識的世界」……。

榮格：這是重點所在。

所以，要言之，人們對夢的解讀是「所謂的夢是大腦的作用」。說起來當然也是有這一部分。有時候在我們清醒時經驗過的事情，經過變形之後顯現在夢境當中，所以，確實也是有大腦作用的部分在，並且也有某些部分不能完全斷言是靈界世界。

因為現在還存活著的人也會出現在夢境當中。如果只有已經死亡的人出現，那麼，我們就可以斷言是靈界世界，然而，目前還活著的人也會經常出現在夢中。有時候會出現死亡的人，有時候活著的人也會出現，有時候就像做預知夢一樣，我們會看到未來發生的事情，具象徵性的夢境也會經常出現。

所以，我跟弗洛伊德先生主要的考量層面是「針對象徵學領域的夢的解析，是否可以用科學來解讀」。

說起來，他抱持的觀點純粹是「夢是由頭腦或神經，或者記憶而形成」，但是我的觀點並非如此。

舉例來說，有一艘船孤零零地漂浮於太平洋當中。但是，因為太平洋當中有很多水分子，於是「有船漂浮」的情報便透過水分子，和棲息於太平洋當中包括魚在內的所有生物，或其他船隻、搭船的人們等各種事物串連在一起。

事實上，即便只是「有一艘船駛向太平洋」，這件事也會對各個層面造成影響，發送出情報，於是就會有某種回應朝著該情報的來源反饋回去。這是我的感覺。

現今也是有類似的想法，「蝴蝶效應（Butterfly Effect）」即是。

舉例來說，有人說「蝴蝶在南美的森林裡振翅，可能會造成北美產生颶風」。所有的事物都像這樣，根據你們的說法，就是按照「因果的理法」串連在一起的。而我就經常感受到這種「串連在一起的世界」。

就這個角度來看，當然並不是所有的世界都是對自己有利的，我雖然跟弗洛伊德站在敵對的立場，兩人分裂了，不過，即便他是與我敵對的人，但是透過遇到這樣的人，我們也曾經有一段時期建立起了良好的關係。我們這樣分道揚鑣，就世間來說，是非常令人難過的事情，但我覺得，「度過美好的時期」和「度過痛苦的時期」在架構人生的過程中，畢竟都是不可或缺的部分。

嗯，站在你們的立場來看，我這種論調可能近似「預定論者」、「宿命論者」、「神秘論者」吧？

三・讓弗洛伊德和榮格分道揚鑣的原因

和弗洛伊德分道揚鑣的真正原因

武田：剛才您提到的弗洛伊德先生，之前也曾由幸福科學收錄了他的靈言，進行了一次「宗教分析」，結論是現在他人在地獄，沒能返回天上界（參考前篇「弗洛伊德的靈言」）。

榮格：可是，你們跟他說不通吧？對於那以「所有的精神作用、心理作用都是因為頭腦及神經、記憶而成立的」的角度來看心理作用的人來說，根本就不可能認為有地獄的存在，就算有，他也是認為那僅存在於遭受納粹嚴刑拷問的時候吧？

人在被絞刑或者肉體上遭到虐待時，就形同墮入地獄，所以，當時可能會認同地獄是存在的，但是，要說到「脫離肉體，或者在被燒殺失去生命之後，有所謂的地獄的存在，而自己就存在該處」，我想弗洛伊德先生永遠都無法達到如此認知程度的。

說穿了，這種事情對人而言，真的就像一種「賭注」一樣。

人會基於某種原因就相信靈界的存在嗎？或者，傾向於「靈界是不能相信的」嗎？即便有著同樣的智力、同樣的學問能力，對於靈界的看法還是會大相逕庭的；這是讓人感到不可思議的地方。

武田：那麼，兩位就是因為對這個觀點的認知有差異，所以才分道揚鑣的嗎？

榮格：嗯。我想，站在弗洛伊德的觀點來看，他也許覺得這個叫榮格的弟子是有著「弒父」的戀母情結（或稱伊底帕斯情結，Oedipus complex）的人吧？他感覺到我有著類似「遭到父親壓抑，想弒父以取而代之」的情緒。在他眼中，我大概像是「殺死父親，奪娶母親」之類的典型模式吧？他應該是這樣看的吧？

伊底帕斯國王的悲劇 在希臘的悲劇之一「伊底帕斯王」中，伊底帕斯王本身雖然不知道神的啟示，卻如該啟示所說，弒殺了父親，和自己的母親結婚。

我當然也看過這種流傳自古代的各種神話或傳說，因為當中有著所謂的「人類的模式」。模式就是會反覆發生的事物，有悲劇性的模式，或許也有喜劇性的模式，總歸就是有模式產生。而這些事情經常會變成一種童話或民間故事、傳說。

在我的發想當中，我覺得人們是受到這種模式所支配的。在人類的歷史當中，存在著幾種模式，而這些模式就存在於無意識界。當人們陷入某種模式當中時，就會發生類似的事情。

剛才提到的戀母情結中的伊底帕斯國王的故事即是如此。

那是他出生時的預言，伊底帕斯出生時，有人預言「這個兒子將會弒殺父親，迎娶母親」，於是父親下達「格殺令」，命人將他帶到山上去殺害，但是殺手覺得孩子可憐，便將他帶到其他的國家去，他在那邊長大成人，擁有健壯強大的體格，成為一個堂堂的王子。

後來某一天，他在親生的父王來到路上時，發動突襲，將之殺害，結果，他和成了寡婦的母親結了婚，就像得到獎賞一般。

我記得是有這種戲劇情節。

就心情上來說，我也是可以理解的。關於弗洛伊德先生，該怎麼說呢？他算是有著對於母親的愛戀情感吧？

他在幼年時期，在火車上目睹了母親的裸體。歐洲的火車是有臥鋪的。母親當時的身影烙印在他的腦海當中，也許因此形成了他內心的憧憬，他有著想從父親手中奪取，想要佔有的衝動、「弒父」的衝動泉湧而出，他本來想將這種衝動給壓抑下來，結果卻形成了一種自卑感，對他人開始產生內心的各種糾葛。這樣的理論，或許就是從他本身的體驗當中建構起來的。

從猶太人的歷史來看，他們就有許多類似的經驗，譬如猶太人的領袖們所採行的壓制或支配等，於是人們就出現了是否該服從的問題。此外，猶太人也一再經歷淪為奴隸及逃命求生的經驗，所以也可能是這種自古以來的命運模式而產生了那般想法。

但是，我退一步思考，他太過於擴大解釋個人的體驗，是否恰當？是否還有一個弗洛伊德先生沒有發現到的無意識世界？這真的是體質上的問題嗎？

「人為什麼會變成靈性體質」這個問題畢竟是有其無解的部分。我想跟先天有相當大的關係的，但是，若有人問「為什麼？」，有些地方實在是無法解釋的。所以，

人們在體質上是不是會有些許的不同呢？

以科學、學問的角度研究靈異現象是有困難的

武田：有文獻記載，榮格博士生前曾經有過「靈魂出竅」的靈異體驗，這種體驗實際上是什麼樣子的？

榮格：嗯，我不知道就科學的角度來說，是否能夠證明宗教當中所說的「靈魂出竅」或「體外脫離」，因為這些事情都只是當事人自己的說詞而已。

現在好像也有人正在進行類似「能否以科學的方式探訪靈界？」之類的實驗，如果就宗教的世界而論，那就是「相不相信」的問題了。所以，如果只能說「請相信我」，那就可能變成宗教方面的信仰問題了。

嗯，我是有過這種體驗，但是，這種事還是無法獲得具體的證明，而且也無法讓人們體驗到我的經驗。因為那可能是一場白日夢，也可能是一場夢境，也許是精神錯亂，染上毒癮也可能變成這個樣子。

關於這一方面，我並不想強行推銷自己的想法。

武田：但是，您的表妹海倫（Helene Preiswerk）就有非常敏感的靈性體質，我想就是現在所謂的靈媒。

聽說榮格博士在年輕的時候，就曾經以這位女士為對象進行降靈。

榮格：是有過這種事情，我當它是一種啟發。但在當時的歐洲，這種事情某種程度地還是被認為是很詭異的，所以大家都是祕密進行，這種事不是可以公開宣揚的。

武田：榮格博士是否認為靈或靈界之類的事情，是真實「存在」的？

榮格：我認為「並非全是一派胡言」，但是，當要把這種事情帶往學問的領域去探討時，就會變成難以證明。總之就是無法收集到足以讓人們都能接受的資料，關於這一點，還是有無法站穩腳步的部分。

除此之外，當時還有許多人詐稱，可以展現各種類似靈異現象的技法，藉以賺取利益。

基督教的壓制力量畢竟是很強大的，當時的社會環境傾向於不易建立新宗教，所以有很多人是以這種靈能者或超能力者的形式「展露頭角」，之後再進行推廣。

但是，我相信是有騙人郎中存在的。

即便是現在，那叫什麼來著？就是連孩子們也在玩的，像占卜盤一樣的東西？那是叫錢仙吧？現在也還有人玩這種東西。

有時候真的會發生靈異現象，但是科學家始終不願認同。他們認為因為有好幾個人用手指去觸摸，一定是有人移動了錢幣。

當然，參與的人有時候會在瞬間鬆開手指頭，但是解讀為有人刻意去移動會比較省事。

如果在進行期間，確定沒有人刻意去移動錢幣的話，科學家接著應該就會懷疑，是不是有人有著類似念動力，或者是有類似意志力的力量去移動物品？或者是有人在底部裝上磁鐵之類的設置，在底下移動上方的東西？

只要去觀賞馬戲團，就會發現有很多人都可以設計出這種手法，第一次見識的人恐怕都會上鈎。

從各種觀點來看，人們並不想把靈異現象當成一門學問做進一步的研究。

武田：嗯。

四・何謂榮格心理學的「極限」

透過表象化進行的治療與「反省、懺悔的原理」是相同的

榮格：（對石川）你不是有話想說嗎？你也想「分析」我的心理？

石川：我主要是想瞭解一下榮格老師的心理學。

榮格：嗯。

石川：在日本，現在如果到諮詢院所去，都會接受一種治療，那就是受到榮格先生的影響的河合隼雄先生所推廣的「沙遊治療（Sandplay therapy）」。

這種療法的用意，是讓有發展障礙的孩子在沙盒裡擺放各種東西，藉以理解其內心世界的狀況。據說榮格先生過去曾經畫過圓形，「狀況好的時候，就可以畫出很漂亮的圓，但是狀況不佳時，就無法順利地畫出圓」。

榮格先生曾提倡「透過表象化進行心理治療」，這種方法當中具有什麼樣的意義？又有什麼樣的效果呢？

榮格：我想如果以你們的宗教角度來說的話，就是「反省」或「懺悔」之類的行為。以基督教來說是懺悔，以佛教來說，則是反省。重點就在於，透過吐露自己過去的行為或各種惡行，或者透過告白，要言之，就是將這些所作所為表露出來，罪惡感就會崩壞，心境就能變得乾淨。

宗教的觀點就是如此，但是這當中的某些部分是學問領域之一的心理學，不能照本宣科的，因此才會有「讓對象、受測者描繪各種圖畫，或者做造形，透過這個過程，將其內心表象化，觀察受測者實際上有哪些問題」的作法。解析者可以透過受測者所畫的圖案來探究「家庭當中出現了什麼問

沙遊治療　在治療師的引導下，患者自由地將房間裡的玩具放進沙箱裡的一種表現療法，在日本也被廣泛地運用。

題」，或者「此人心中對某人有所畏懼」等等的問題。

舉例來說，如果家人當中有施虐者時，孩子在畫圖時，往往就會出現鬼魅之類的東西，受虐的孩子真的就會開始畫出這種東西來。

此外，如果使用沙箱之類的工具，就要觀察受測者是否能設計出美麗、具協調感的沙箱？舉例來說，受測者設計出受到破壞的東西，或者不美觀的部分時，就去思考那象徵著什麼，如此一來，便能瞭解「當事人在這一方面是否真的有問題？」。

要言之，透過讓受測者吐露出自己本身沒所有注意到的事物，解開存在於其內心當中糾葛的部分，或者也可以稱為自卑感，只要能解開這一部分，心情就會整個舒展開來，這是常有的事，只要找出原因，有時候疾病就可以因此痊癒了。

所以，在為歇斯底里的患者進行精神分析時，就會發現，患者大部分都會在與丈夫的關係或與婆婆的關係、自己的母親與孩子的關係，或者與學校的老師之間的關係等某個環節產生糾葛，因而引發歇斯底里的狀況。只要找出原因所在，讓當事人去面對同時接受，就可以將這種情緒置於意識的控制之下，症狀因而獲得改善。

也就是說，我認為，以心理學的手法來處理，和反省或懺悔有著相同原理的事情也未嘗不好。等於是透過這種方法來看清「心靈圖畫」。

石川：原來如此。

有時候透過和第三者商談可以解決煩惱

石川：佛教在教團當中，有著法談等活動。佛教是很重視反省，並且傾向於透過思索來解決煩惱或苦惱；而基督教徒則是找神父懺悔。我個人覺得，榮格先生很重視「對話」，能否請您針對「思索與對話的平衡」或者「透過對話，如何解決煩惱，讓心境安樂」一事提供您的見解。

榮格：我實際上是做過各種嘗試，但是，是否真的能提供救贖，還是無法確定。是否真正能達到拯救的功效，結果還是不明啊！

石川：是嗎？

榮格：這就跟我們不知道醫院開給我們的藥是否真的有效一樣。本來應該是「有效」才能收錢，但是，我們並不知道，診察的行為是否真的能治癒疾病，也許只是一種安慰作用。

石川：我們是宗教團體，經常有許多心裡有苦楚的人來支部或精舍進行諮詢。在對談之後，求助者似乎可以獲得清爽的心境，然而有時候似乎也會因為產生依賴心，遲遲無法自立。關於這一點，您覺得該怎麼看待比較好？

榮格：宗教對這種事情不是還有另一種作法嗎？譬如唱誦「南無阿彌陀佛」或「南無妙法蓮華經」或曼荼拉（真言）等，甚或想像自己與本尊融為一體等等。宗教應該都有著所謂的「最後的王牌」。宗教不是都有一種把透過諮詢無法解決的事物，都帶往那個方向的「術」嗎？

所以，如果對方不認同神或佛時，我們又想要以「人對人」的形式拯救對方的話，就會缺少分析的道具。而當對方的態度非常強悍時，有時候就會分不清楚誰扮演什麼角色了。結果就變成不知道哪一方才是真正需要被拯救的一方，有些時候甚至會讓人感覺是開導的一方才是「異常」的。

開導人甚至會遭到對方的反彈「你再怎麼說，那都是迷信」，或者「那是偶然的，不要再說那些荒謬言論了」。所以，我們無從得知是否能救贖得了人。

但是，心裡有病的人幾乎都是孤獨的人，所以，從這個角度來看，有諮詢師的存在是值得慶幸的事情，在美國，我想就有一千萬人左右定期去進行心理諮詢，這種生意是非常蓬勃的。

光是到教會告解似嫌不足，恐淪為單純的說教，欠缺解決個人煩惱的力量，所以人們才會走向心理學，以個人對個人的方式，在要求保密的情況下進行。因為這麼一來，不管是公司裡的社長，或者只是小職員，就都可以暢所欲言了。

舉例來說，假設有個人說「我現在是堂堂一家公司的社長，但是事實上，我過去曾經陷害過人，把人逼到毀滅的境地，這件事變成了心頭的一根刺，始終刺在心上，讓我痛苦不已，可是，這種事又沒辦法對別人說出口。我不能對公司或家人說」。

透過與身為第三者的諮詢師討論此事，就可以客觀地瞭解到，當事人堅信的「害人毀滅」一事是否是正確的。有時候，諮詢師只要安靜地聆聽，或者覆誦各種意見，就可以讓患者自行找出答案，得到「他確實是破滅了，但是以當時的狀況來說，就算我再賣力協助，還是無法避免那樣的結果」這樣的結論，心中的苦惱便得以解脫了。

有時候患者因此可以瞭解到，本來以為「對過去讓盟友或者協助者落入破滅的境地一事，產生的悔恨感至今依然折磨著自己的事情，事實上，那根本就不是真正的苦惱根源」，而是在於「現在想要開創的新事業當中，有某個部分的問題無法順利解決，這才是內心真正的苦惱所在」。挖掘出這種內在深層的事情，是諮詢師要求患者多次回診之後才能完成的工作。

宗教家和精神分析醫生的工作的共通點和相異處

石川：心理學是一門學問，所以，我認為案例研討就變成很重要的根據。

舉例來說，有人家裡有發展遲緩的小孩，上門諮詢時說「我的孩子都三歲了，都還不會說話」，此時只要告訴對方「也有孩子到了四歲才會說話的」，患者通常都會鬆一口氣。

榮格：嗯、嗯。

石川：但是，宗教在案例研討的方面則稍嫌不足，所以，一般人覺得心裡鬱悶時，多半都是去找專家。這種案例研討的效果及其極限究竟何在？

此外，以宗教的強項來說，自古就有像奧古斯丁（Aurelius Augustinus）的例子一樣，有著「靠信仰來救濟」、「透過信仰得到心境的安適」的觀念，不知您對這種觀念和案例研討之間的平衡有何看法？

榮格：如果一開始就說「信仰心不足」的話，那麼，什麼都不用努力了。

只要我們提出要求「你得透過行動，表現出你是有著深厚信仰心的」，那麼，對方就勢

奧古斯丁（三五四年～四三〇年）　在古基督教的世界裡是具有最大影響力的神學者之一。參考《黃金之法》（台灣 華滋出版）。

必得做某些事情去改變。很多時候，事情都是往這個方向發展的不是嗎？

我們做這種分析醫生的工作，說起來或許就跟小寺廟裡的和尚所提供的人生諮詢是一樣的，若是外表像醫生，有資格能收費，並且還能夠幫助到人們的話，那就太好了。

即便遇到令人不悅的人，你們還是得耐心陪伴吧？有個性火爆，幾乎要發狂的人來到支部，你們還是要待之以禮，事實上，這是很傷腦筋的吧？

如果在醫院，就可以採用各種強制措施，譬如「注射」、「強迫服藥」、「綑綁」，或者「關進鐵籠子裡」等來解決問題，合法地將人隔離起來，然而宗教卻無法做到這樣。因為這麼一來，就可能會被詆毀為邪教。

我想這就是兩者的相異處吧？

五・「無意識」和「曼荼羅世界」

研究心理學的人多半都有煩惱或心理糾葛？

榮格：（對宇田說）嗯？該輪到妳了，有什麼問題要問嗎？

宇田：承蒙您惠賜請教的機會，感激不盡。

榮格：好。

宇田：我在大學專攻心理學，我想請問榮格博士，針對今後心理學的應有之姿和發展的方向，您有什麼看法？

榮格：在回答之前，我想先問一件事情，妳學了心理學，對妳自己有什麼幫助嗎……。

宇田：（笑）

榮格：在妳的工作上，和那些沒有學心理學的人有什麼差異嗎？

宇田：（苦笑）……。

榮格：我也想問清楚一些事情啊！

宇田：我覺得，心理學畢竟是有其極限的吧？

榮格：嗯……。如果學習之後有某種效果展現，那就是很了不起的事情了。

這或許就跟學習經營學卻成不了經營者是一樣的道理，有些東西「學跟用是兩碼子事」啊！

說起來，走心理學系的人多半都是自己本身有很嚴重的煩惱，要不就是家人有問題，妳是什麼情況？

宇田：（苦笑）

榮格：我講了失禮的話嗎？

宇田：哪裡。是幸福科學的教義拯救了我……。

榮格：啊，是嗎？嗯，心理學當中的確有人用艱澀的用語，來掩飾某些事情，從這個角度來說的話……。

武田：對不起，我打個岔，這麼說來，榮格博士也是因為家庭當中的某些糾葛而往心理學方面學習的嗎？

榮格：嗯，這個啊，嘿嘿嘿……。我多少受到弗洛伊德先生的影響，而且那也是一種強而有力的「洗腦力」。

這門學問就是一門「說服力的學問」，所以，有沒有受到強而有力的「洗腦」，將會決定各位是否成為其學說的支持者。所有的觀念都是一種假設，所以，支持者有沒有增加，端看其說服力強不強。

從這個角度來看，當被提及幼年時期的事情，或者關於性欲的事情的時候，實際上，人們真的都很難反駁吧？

幼年時期的事情，有些部分已經被人們遺忘了，所以難免會質疑「也許真的是這樣」。而關於性欲的部分，也許正說中了歐美的基督教徒或者猶太教徒的心理，說起來，大家都擁有某種宿業，多半都有些不願為外人道的煩惱或糾葛，所以，當有人點出「原因就在這裡」時，大致上說來，通常都八九不離十。

盤據內心的「佛教的世界觀」

武田：榮格博士的家庭結構當中，父親是牧師……。

榮格：啊，嗯。

武田：從這個情況看來，您很有機會學習基督教的教義，也可能繼承父親的衣缽，但是您卻脫離了那樣的環境，將焦點轉移到學問方面的拯救領域。關於這一部分，有什麼樣的意涵嗎？

榮格：嗯，或許我是在基督教的世界，在新教徒的環境中成長，但是在我的心中，從某方面來說，卻經常充滿了你們所說的「佛教感覺的世界觀」。所以，我才會提出「原型論」或「類型論」之類的見解，但是，我看得到佛教所說的「曼荼羅」之類的世界。我好像可以看到那種東西。

有些事情難以用言語來形容，但是，宇宙或者說這個世界，有時候看起來就像神明、神佛所創造出來的「曼荼羅世界」一樣，（指著位於會場前方的中央處的圓形光背）這個看起來也像是曼荼羅，有些地方看起來就像這樣。所以，很多時候我會覺得自己好像被放置在各種不同的曼荼羅的圓當中。

有些具佛教色彩的東西畢竟是比較內化的東西吧？我覺得在這方面，似乎（與基督教）有不相符的一面。

所以，這也就是為何我拼命想要解開「曼荼羅世界」，也就是「心中的曼荼羅世界」，還有「無意識界的曼荼羅世界」的原因。

武田：原來如此。

石川：聽說榮格博士透過描繪圓形解決自身的煩惱之時，就畫出了非常漂亮的圓形圖案，後來，有中國的

曼荼羅　梵文中代表「體會本質」的意思，以幾何學的方式來描繪佛所體悟的世界。以榮格的論點來說，就是代表中心、全體、調和的超越自我的象徵。右圖是藏傳佛教的曼荼羅。榮格從藏傳佛教的曼荼羅當中看出心理學的意義。

研究學者展示曼荼羅給您看，您覺得與自己所畫的圓「非常神似」，從此就對曼荼羅極度關心了。

榮格：嗯，我有著對於曼荼羅的記憶……。

那是一種「想表現出世界」的心境吧？因為強烈地出現如此心境，所以意外地發現「東方的東西」就存在於我的研究根本當中。

啊，對了。（面對宇田）我還沒有給妳答案呢。對不起。唔，妳問的問題是「（心理學）今後應如何發展」吧？

啊，我不知道啊！那應該要看你們如何「處理」心理學了（會場大笑）。

我和弗洛伊德先生都往生了，待其他的人也全部都歸天之後，學生大概就會漸漸減少吧？

不能斷言所有的夢境都是「靈界體驗」

石川：對不起。我想針對「夢」一事提出若干疑問請教。

榮格：啊，嗯。

石川：根據大川總裁的教義，「做夢時，多半都是靈魂脫離肉體，累積靈界的體驗」，而榮格先生的教導則是指出，夢的一般功能即是「具有恢復心靈的平衡性，也就是恢復平衡的功能」。

榮格：嗯、嗯。

石川：這是另一種說法讓世人能夠理解什麼是「體驗靈界」嗎？我想榮格先生也瞭解靈界，所以，可否請您告訴我們，夢究竟有什麼樣的意義？

榮格：我們並不能將夢境都完整地記住。

所以，如果養成醒來時就立刻記下夢境的習慣，以便自己可以記住內容的話，倒是可以某種程度地記錄下夢境，但是，睡一整個晚上的期間所做的夢，有時候是沒辦法全都記得清楚的。

在夢境當中，確實會有這個世界的人出現，也會有這個世界的場景出現，但是，有時候也會產生變化，不盡然是完全相同的人事物。

所以，怎麼說呢？潛在性的願望或衝動、傾向性，很可能就隱藏在夢境中的不盡相同之處。如果是一種「願望夢」，我們就會夢到出現許多我們自己想成就的角色，或者想做的事情的夢。

此外，也有所謂的「噩夢」吧？譬如在現實生活當中還沒有發生，但我們總是戰戰兢兢地害怕「是不是會發生這樣的事？」好比說像是「我會不會被殺？」之類的夢。

所以，在希特勒出現之後，應該有很多猶太人都做了「被殺害的夢」，在實際遭到殺害之前就做了這種夢。

這是一種預知未來的夢，也確實有人會做這種夢。

此外，在我們的夢境中，有時候也會看到以前的朋友，或者死去的人，亦或是存活在現實世界中的人來跟我們說話。這就代表，此時我們強烈地想著這些人事物。

在日本，以前大概也有過繞著夢境的解析，互訴情衷的時代吧？譬如有「你不再出現在我夢中了，好無情」，或者「如果真的喜歡，就會出現在夢中」等的狀況，事實上，當人對於某事有著強烈的懸念時，對此就會發出強烈的念波。

但是，相反的，有時候明明在這個世界裡是不歡而散的，但是對方在夢境當中卻是以非常溫和的形式出現。如果要針對這種情況進行解析，那可能就是代表心中有著「希望能夠修復在這個世界裡的關係」的期盼。

所以，夢境是含有各種不同意義的，不能說全都是與靈界相關。我們可以接收到這個世界裡的人所發出的念力，有時候也可以接收到前往靈界的人的念力。有時候，前幾天或最近經歷過的

《紅書》（Liber Novus，拉丁語，新書之意。日本創元社，二〇一〇年發行）。榮格將自己所做的夢或景象寫下來，另外加上注解或插圖所寫出來的作品。裡面收錄著成為榮格的思想核心的內容。

事情會以夢境的形態出現，有時候我們也會做回想起很久以前的事情的夢。

此外，當人年紀一大，很多人都會說「已經過世的人們時常出現在我夢中」，我個人認為，這代表可能這些人前來造訪了。

但是，我覺得有時候也不能完全斷言是看到了靈界的景象。

人是「既獨立又不獨立」的

石川：另外想請教您針對無意識方面的看法。

我記得榮格先生說過「無意識又分為『個人的無意識』和『普遍性的無意識』，而在普遍性的無意識當中，人保有一種稱為『原型』，也就是由遺傳而來的普遍性的模式」，但是在現代當中，譬如關於成功的法則，在國外就有人使用各種不同的用語，譬如 surface consciousness（表面意識）或者 subconsciousness（潛在意識）等深奧又讓人無法理解的用語。

榮格：嗯。

石川：此外，在幸福科學，我們倡導的觀念是「所謂的心，從某種意義來說，就像洋蔥一樣是多重構造的，隨著越往下挖掘，次元就越往上提升，和巨大的世界相串連」。

我個人覺得，您的理論是一種接近宗教的思想，不知道您是想用什麼樣的形式來倡導什麼樣的真理？

榮格：「人性觀的問題」畢竟是很艱澀的啊！

在西方，從某方面來說，有「確立自我是好事」的想法，所以認為「將自和他區分開來，達到確立自我的目的，這是好事」。可是，在無意識的觀點當中又有著「我們看似是個別的個體，事實上就像筍子一般，靠著地下莖，全部串連在一起」的邏輯，進而認定「事實上，我們是串連在一起的」。

也就是說，「我們跟家人是緊緊相連的，跟同時代的人們不也串連在一起嗎？又或者，我們是在民族文化、傳統的根基底下成長的，就這方面來看，我們不也是串連在一起的嗎？」。

舉例來說，如果你出生於伊斯蘭世界，除了你的信仰形態會有所不同之外，可能連行動模式或對食物的好惡也變得不一樣。這幾乎是可以確定的事情，人們都是透過這種傳統上的事物累積而緊密相連的。

要言之，文化方面的因素會沉澱於民族性當中，而根就是從沉澱的事物當中萌生出來，如果是竹筍，就長出筍子，蓮子就開出蓮花來。

如果要打個比方來解釋這種觀點，好比說沾附在根部的泥土，而「文化方面的原型」，或者格局小一點的「家族的原型」之類的東西就相當於這泥土。

我認為這一類的影響是很大的。

所以，不只是這樣，以企業來說也有這種現象存在。此外，於宗教團體當中任職的人和之外的人當然會有所不同。連就讀的大學也是一樣，如果同樣是東京大學畢業的人，莫名地就會產生一種類似的氛圍。

也就是說，因為「原型」出現，所以莫名的類似的部分就會顯現出來。在銀行工作的人不就會有銀行人的味道嗎？

人就像這樣，即便想獨立，結果還是無法完全從集團當中脫離，所以我覺得，人是「既獨立又不獨立」的存在。

如果我們輕忽了對「沒有獨立的部分」的解析，有些事情就會因此陷入不明不白的狀況當中。

所以，有一說「我們原本以為是自己思考的結果，事實上卻是傳承自家中的父母或爺爺、奶奶的觀點」。

關於這一方面已經超出了我們的領域，所以我不是很清楚。在這方面，或許宗教是凌駕我們之上的。這一點我承認。在某些情況下，宗教的思維也許是超越我們的。

但是，也許是因為宗教當中也混雜著一些詭異的東西，兩相抵消之下，結果，還是沒有一個明確的解答。

想成為「現代摩西」的弗洛伊德

石川：我認為，從某個層面來說，心理學一開始是為了彌補宗教之不足而出現的。但是我覺得心理學是無法取代宗教，或者是成為宗教的替代品的。剛才她（宇田）也提到了，針對心理學的前景和極限，您有什麼看法？

榮格：我覺得弗洛伊德先生事實上似乎很想成為摩西。他希望像「出埃及記」一樣，解放成為埃及奴隸的以色列人，將他們帶往迦南，他可能的想法是「人成為奴隸的理由何在？只要解析人們遭受差別待遇、受到壓抑的部分，就可以獲得解放」。

我想，從猶太教的觀點來看，所謂的被壓抑的部分是指「被猶太族的家長制，被那宛如強大而專制的父親一樣的事物所支配」的想法，從中可以看到一種模式，那就是「父與子之間一定會產生糾葛，而這種糾葛會發展成爭奪母親的紛爭」，而弗洛伊德先生就是想解開這種糾結，來進行「解放」吧？

所以，我覺得他似乎想嘗試當一個「現代摩西」。

六‧「宗教」和「心理學」的相異和共通點

在宗教當中做「案例研究」有效嗎？

石川：還有一件事想請教博士。幸福科學提倡許多心靈的教義，如果本會就像研究心理學一樣，累積許多案例，建立起資料庫，在接受煩惱諮詢時，「拔苦得樂」（去除痛苦，給予喜樂），您認為這種作法有效嗎？

榮格：在我們的研究當中，畢竟是無法將惡靈附身之類的東西模式化的。實際上，陷入歇斯底里狀態，或者接近發狂狀態的人們都是接近電影《驅魔師》（The Exorcist）中的狀態。

所以，我想宗教中人才會以灑聖水、揮舞十字架、讀《聖經》、唱誦神之名、唱誦耶穌基督之名的形式，大聲叱喝「撒旦啊！退散！」。

我們也許是在另一個層面，做天主教可能會做的這些事情。而現在，人們總是先讓患者服用鎮定劑之類平息興奮情緒的藥物，讓患者穩定下來，然後趁患者沒有那麼激動的時候，進行各種提問或對話。就像這樣，在不過度勉強的時間之內重覆對話，藉以探討其原因。

患者之所以會出現這種狀況，有一半以上的原因都出在家庭當中，剩下的則與職業有關，或者與感情、人際關係有牽連，只要能找出原因所在，在這個世界裡也是可以找到應對方法的。

但是，我覺得關於「什麼東西以什麼方式前來，造成了靈性方面的影響」一事，要變成一門學問是相當困難的事情。

話又說回來，宗教在這方面不也一樣嗎？有些部分是教祖能夠勝任，但是弟子卻力有未逮的。

各位應該知道這個情況吧？如果各位都同樣做得到，以這個宗教為例，可能就會不斷地有人前往各地的支部去進行諮詢，但是，就因為能力有不及之處，所以人們才會轉而祈願或祈禱、瞑想，變成「各自努力」的形式。

所以才會有所謂的「說服技巧不足」的情況。

但是，要問能否將之體系化，我想，真要實施下來，應該很容易會出錯吧？

此外，沒有這種能力的人，經常會以沒有能力的凡人方式進行解讀，所以，從何處引用類似的範例亦會造成差異。沒有靈感的人，有著將完全不相干的事情當成原因來解讀的傾向，所以，事情不是那麼簡單的。

石川：的確是如此。

醫生「想為病人安上病名」的「毛病」

石川：以宗教的角度來說，附身的靈和此人的靈魂是各自存在的，個性截然不同，但是，若是交由醫生處理，就會把所有的症狀歸因於成長障礙或者ADHD（注意力缺乏與過動障礙）等，疾病的種類和數量大幅地增加。

榮格：嗯，是這樣沒錯。

石川：這樣可以解決問題嗎？

榮格：所以，我說醫生也「生病」了呀！生了一種叫「分析障礙」的病（會場大笑）。「動不動就要分析別人」或者「迫切地想要安上病名」，我想這也算是一種「疾病」。

總之，只要安上病名，或某種障礙的名稱，患者也會覺得心裡踏實許多。這麼一來，感覺就好像附上了「鑑定評證」一樣，之後，患者就成了該家醫院的常客，也就是成了老顧客了。就整個醫療系統來說，整個流程就是這樣，所以醫生非得為患者安個病名才行，如果有善良的醫生告訴患者「很好啊！你沒什麼問題，請回吧！」只怕這個院所就要倒閉了。

如果醫生不叮嚀病患「你得要一次又一次地前來診察。你需要接受診療和治療」的話，醫院就無法經營了。

所以，關於這方面，唉，該怎麼說呢？嗯……。說起來現在醫療院所養活的人也許比宗教還多呢！

個人諮詢的「榮格心理學」的方法

榮格：（對提問者）有什麼問題嗎？嗯？

武田：榮格心理學當中，對幸福科學而言，「最能運用的部分」是什麼呢？

榮格：嗯。我認為科學和宗教其實是有異曲同工之妙的，宗教的真理當中也有跟科學的真理相同的地方。關於這一點，弗洛伊德卻是畫出了明確的界線。

武田：可否請您更具體一點地描述？

榮格：再具體一點來說，在之前提到的個人諮詢的模式當中，譬如，你們會質疑「這個人是否有靈障的問題」，針對這種狀況，我們則會進行「夢的解析」，或者提出各種問題，然後觀察對方的反應，思考其是否內心有某種罣礙或障礙。

此外，我們還會讓患者畫圖，或者設計沙箱，在這個過程當中，如果患者破壞某樣東西，或者開始做非常極端的事情，那就代表那個部分多半是有某些問題的，我們就會思考「為什麼他會這麼做呢？」。

舉例來說，假設患者破壞了橫架在沙箱當中的河川上頭的橋樑。

我們會提出質疑「這座橋為什麼會斷落呢？」得到的回答是「河永遠都過不了」。我們會再追問「對你來說，什麼是永遠都過不了的河？」。

在這麼一問一答當中，我們便會知道，這個人有某些難以克服的問題。

以女性的立場來說，就會產生一種情況「為了要不要結婚感到迷惘，雖然已經交往多年了，可就是下不了決心」，就算決定要結婚，也會面臨一個窘境「可能會丟了工作，或為了要不要生育一事感到苦惱」。

這種「因為有某種『障礙』而無法前進」的現象會經由畫圖、以沙箱來表現，或者透過做夢的方式從某個出口顯現出來。

武田：某個出口……。

榮格：譬如，就拿為了是否要結婚而感到迷惘一事為例，這件事情的解決方法就是讓當事人仔細思考該怎麼做，或者，因為在世間還有人可以提供意見，所以讓當事人自行找人商量，做某種選擇就可以了。

之後，若還有後續的需要的話，分析師就會對患者說「請再找時間過來」。

就這個觀點來看，也許我們也與手相占卜或結婚占卜有相同的部分（笑）。

說穿了，就是探究、找出原因所在，瞭解「符合狀況的事情是什麼？」人的煩惱模式並沒有那麼多，而且大致上可以分類為幾種模式，所以，只要集中鎖定就可以了。

只要反覆地質問，在過程當中，答案就會漸漸分曉。因為患者的情況通常都是「來接受診察幾次之後，就願意敞開心房說內心話了」。

問題在於，有時候患者會對負責診察的醫生，開始產生類似對於父親或戀人的感情。我想，宗教方面應該也會發生這方面的問題。

不找自己的丈夫商量，老是到支部找支部長諮詢，有時候就會產生出某種奇怪的感覺吧？

若諮詢的內容涉及私人領域時，就會有這種事情發生，所以，有時候，診察的狀況會因為諮詢師和患者的心靈，在交流上產生問題而遲遲沒有進展，也有時候患者的症狀雖然有進步，但是卻變得太過依賴諮詢師，演變成「動不動就跑來諮詢」的局面。

現在網路十分發達，如果貴會的會員寫電子郵件給大川總裁要求諮詢，而總裁又罹患了「所有前來諮詢的案例全部要親自閱讀，同時全部予以回覆」的「強迫症」的話，那事情就不得了了。

因為會有這種狀況出現，所以我認為必須儘量推動「教科書化」，以期其他的人員也可以分擔這種責任。

大川總裁今天收錄像我這樣的人的談話內容也算是一種「教科書化」的作業，我不說是「山寨版」，不過，我想這就有點像是塑造「類似品」一樣。

七·如何看待同性戀、同性婚？

「阿尼瑪」（Anima）、「阿尼穆斯」（Animus）的真正意義

石川：大川總裁的法話「讓人獲得幸福的四個原理」（收錄於《幸福之法》，日本幸福科學出版）當中有一段內容是「無法獲得父親認同的人，日後在工作上想實現自我，可是往往無法如願；無法獲得母親認同的人，深層心理極度渴望和溫柔體貼的女性結婚，但是也常常事與願違」。

我個人認為，這一部分和心理學中的「戀父情結」或「戀母情結」等特質有相似之處，針對這一部分的「情結」，您有何看法？

榮格：嗯，時代不斷地在改變，所以，我不是很確定我是否能給予有效的建議。現代的日本也還在不停地變化吧？變化太大，以至於對異性不再關心的人有越來越多的趨勢。

武田：的確有這樣的人。

榮格：「不想結婚」，或者表示「沒有男朋友、女朋友，談戀愛這種事情太麻煩了」的人也不斷增加當中。一方面是因為所謂的行動電話，或者類似這樣的東西太普及了（一邊做出按壓電話號碼的動作），人們用這種方式，透過電話偶爾聯絡就綽綽有餘了，電話上也可以呈現臉部的影像，不用大老遠地跑去碰面，於是，覺得實際碰面反而是一種麻煩的人也大幅增加了。

另外，網路的情報流通也不斷地進步。

以前結交男朋友或女朋友時，如果沒有仔細探究異性的真實面貌的話，就無法瞭解對方，但是，現在可以透過各種途徑瞭解，所以有越來越多人覺得「結婚、訂婚、認識戀人等事情是沒有必要的」。

此外，市面上也有很多週刊雜誌，這種可以快速地滿足人們好奇心的東西也越來越多了。

人際關係也越來越難經營了吧？親子關係當中，傳統的家長制已經整個崩壞，而且「強而有力的女性出頭」了。以這三十年左右來說，「強而有力的女性出頭，會塑

造出一個什麼樣的社會」是當前的新課題。

是否有人能回答這個問題，這是很微妙的事情。即便是幸福科學，立場恐怕也多少會動搖吧？連政府的態度也一樣搖擺。因為終究會面臨一個問題，那就是「有心想推動女性在職場上成就一片天，然而，對於少子化的社會問題該如何解決？」。

一想到這個問題，嗯……。

武田：榮格博士對這一點有什麼看法？

榮格：我不是很清楚，但是我曾經提過「靈魂之中有阿尼瑪（Anima）、阿尼穆斯（Animus）」的這個層面。

如果以你們的思想來解釋，不就是「過去世曾經是男性」，或者「曾經是女性」、「守護靈是男性或女性」的說法嗎？

武田：是的。

榮格：所以，我在進行精神分析時，總會深入探討，「這個人雖然身為女性，內在卻一定潛伏著男性的部分」，或者「這個人雖然身為男性，內在卻潛伏有女性化的特質，有某些部分是當事人自己沒有注意到的。事實上，就是因為這一部分而遭到他人的誤解」。

你們所說的「靈魂的兄弟姊妹」（參考左圖）有男女之分，從某方面來說，我可以理解。

在理解這件事情之後，剩下的就是關於男女平等的意義，是否會有所改變的問題了吧？

不只是日本，即便在美國，所謂的政治上的平等，本來就是指「男性的平等」。之後則是「非奴隸（黑人）的男性的平等」，隨後則是「黑人男性也涵括在內，接著女性也包含其中……」這樣的順序擴展開來。對於孩子，選舉權也漸漸下修到達孩子的層級，呈現低年齡化。

這問題真是難解啊！

此外，還有一種觀點是「必須要謹守自己性別的分際」。但是，雖然自己是這個性別，但是就職業方面來說，現在某種事物非常流行，自己也有興趣，所以想試試

「靈魂的兄弟姊妹」和「守護靈」的架構

原則上，靈魂是以六人為一組，負責領導的靈稱為「本體」，其他的五人稱為「分身」。各自的出生時代都不同，擁有不同的意識。有時候連性別都不一樣。

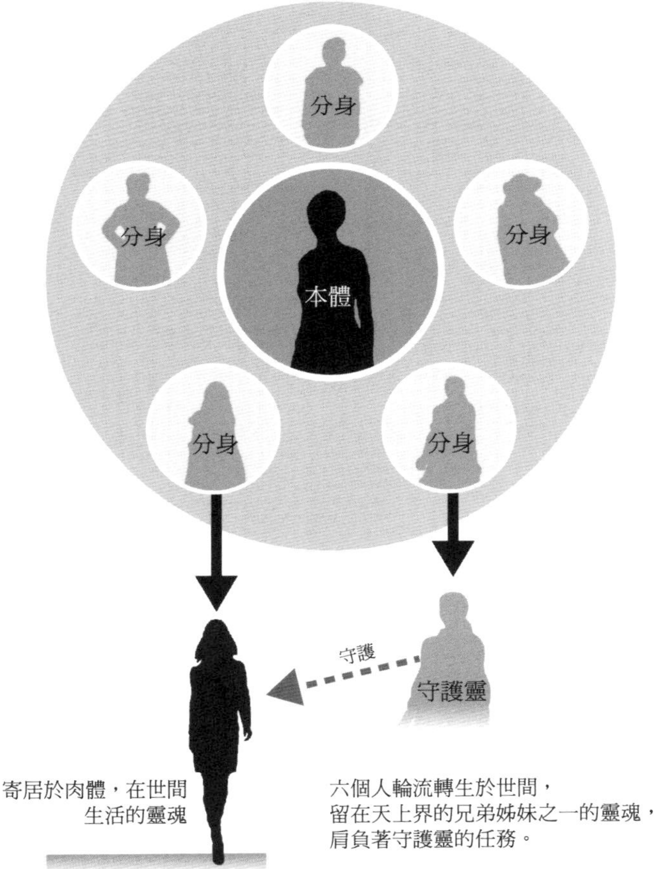

寄居於肉體，在世間
生活的靈魂
六個人輪流轉生於世間，
留在天上界的兄弟姊妹之一的靈魂，
肩負著守護靈的任務。

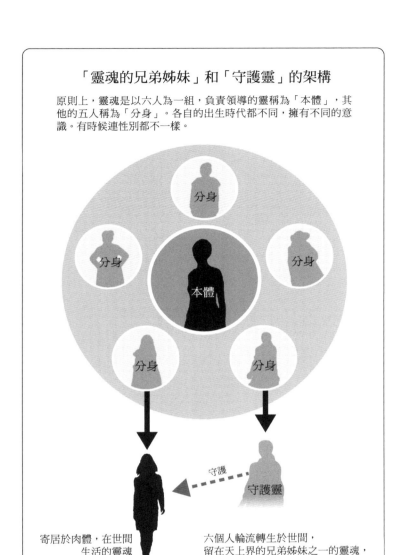

看，有人即是基於這個理由，雖然身為女性，卻希望能像男性一樣地工作。

或者也有人「雖然身為男性，卻對養兒育女方面非常關心，想嘗試那方面的工作」。

從這一層意義來看，不禁讓人感覺到人類進入了一個混亂的時代。

「同性結婚問題」發生的原因

石川：想請教一個相關的問題，現在很流行「同性結婚」……。

榮格：沒錯沒錯。這個狀況也是相關的。

石川：就心理學的角度來說，這是什麼狀況？

榮格：舉例來說，就靈魂方面而言，（指著石川）好比你現在是女性，（指著武田）這位是男性，以你們的語言來說，假設「兩位在過去世曾經是夫妻」的話，那麼，這一世再見面時，明明雙方都是男性，卻莫名地互相吸引，彼此之間的感覺從「一起到健身房去鍛練身體」開始，發展成像是約會一般，有些奇怪。

「啊，這樣不行。我這樣做是不行的」，心中明明這樣想，卻無法控制自己，仍然經常保持聯繫，之後漸漸地發展成「沒有每天見到面就無法忍受」，或者「可以當室友」的關係，最後有人甚至發展到「對異性沒有興趣」的地步。

有時候人就會像這樣，多少有靈魂上相互吸引的狀況，所以，我認為把這一切都視為一種疾病來看是有問題的。

不過，我覺得也有些人不是上述這樣的情況，而是出於對社會的一種反抗，或者對家人，譬如對父親或母親的反抗，任感覺往同性發展，而非往異性發展。

若有這種狀況發生，四周的人就必須隨時注意「那個人可能會走向墮落的未來」。

因為有時候這種行為，純粹只是因為「大家都這樣做」的流行盲從而已。

武田：那麼，您的意思是每個情形的發生原因皆不同囉？

榮格：嗯，但是，對於為同性所吸引一事，我認為不能全部都加以否定。因為過去這種習慣或傳統的色彩極為強烈，大家確實經常採用「以男孩子的方式培育」、「以女孩子的方式培育」的教養方式，或者如果像中國的孔子所說的「男女七歲不同席」一樣，全部區分為男女校的話，就會培育出男女有別的下一代。

但是，現在男女合校的情況大幅增加，考試也在一起，工作也在一起，潮流已發展成「人與人之間有差別確實是很奇怪的事情。就像白人和黑人有差別是一件詭異的事情一樣，男女有差也很可議」，當情勢演變至此，兩性通用化就是不可避免的事情了。

另外，弗洛伊德等人也針對一夫一妻制的問題進行討論過，在西方，宗教對這方面相當壓抑。可是，人們一直說伊斯蘭教是「惡魔的宗教」，除了派遣十字軍攻打之外，還做了其他許多事情，然而伊斯蘭教不但沒有被擊潰，勢力反而越發擴增。

看到這個情況，難免會讓人覺得「也許那種（一夫多妻）制度也是可以被接受的一種形態」，所以，我覺得，該如何解讀這方面的規範，似乎有值得商榷的地方。

傳統的宗教似乎過度強調「異性之罪」。佛教和基督教也都太強調「異性之罪」。可是，對於「同性之罪」則鮮少強力著墨。或許是會稍微提及，但是著力不多，所以，對於異性的罪惡意識深植人們心中。

要言之，越是出生於宗教家庭，小時候就被帶到教會去的人，就越會對異性產生罪惡感，於是，有時候就會被吸引往同性的方向。所以，如果在男校的男生宿舍裡長大，很有可能就會產生同性戀的關係。

對於這種文化層面的罪惡感，我覺得有時候人們出現一種「沒有理由的反抗」。

武田：原來如此。

二〇一三年七月三十一日收錄的耶穌基督的靈言。針對同性結婚的對錯，提出「只能憑藉結果來做判斷」的見解。

八．如何看待「成功的心理學」

成為「經營者的參謀」類型的馬斯洛（Abraham Harold Maslow）

武田：在榮格博士過世之後十年左右，美國出現了由馬斯洛所提倡的「人性心理學」，也就是所謂的「第三勢力的心理學」。其探討的方式相當不同，有別於弗洛伊德博士或榮格博士所探究的分析異常心理的領域，他著眼的是人類比較健康或好的一面，或者說人的可能性等。

此外，從某方面來說，他提出的「欲求五階段說」中，有某些部分就類似覺悟的階梯一樣，「瞭解自己現在的欲求在哪一個層級，隨著往上提升一個階段（欲求的階段），自己就會更加幸福」。

我覺得這是一門切入口不一樣的心理學，關於這一點，您有什麼意見嗎？

榮格：目前在這種成功的心理學系統當中，出現了許多「自我啟發的東西」，而馬斯洛先生應該是屬於這種領域的類型的人吧？

要言之，他是成為經營者的參謀的類型的人，不是我們這種以病患為對象的類型，而是隨著時代的改變，擔任武將的參謀的類型。

又或者，如果在現代，他可能就是企業的參謀或顧問之類的人了吧？

我覺得他實際上就是將人們帶往成功的心理學的領域，提倡這一世的成功方法的人。

對這種人來說，老是與歇斯底里、驚惶失措、癲癇發作的人周旋，可能是一件相當無趣的事情吧？

反過來說，透過一個人的成功，可以成立一個大型的公司、付得起租金，可以養活一大堆人這件事倒是有趣得多。

從某種意義上來說，這種事情就整體而言是超越領域，擴展格局的成就。可以歸類於宗教，也可以納入所謂的經營學的領域。

說起來是感覺有些奇怪，但是基本上，這是一種「優秀的人材應該拿來做為範本」的想法，是一種鞭策大家「要倣效優秀的人吧」的思維。說穿了，性質跟道德是很雷同的，感覺就像「學習偉人傳中的啟發」。

如果進行精神分析，林肯的人生也是「毛病一堆」？

榮格：所以，如果對我們進行精神分析的話，舉例來說，即使是像林肯那樣的人……。唉，如果林肯人在這裡接受精神分析的話，一定會被指出許多問題點。

如果有人問林肯「你是一個自卑感很重的人吧？」他可能會回答「是」吧？

武田：嗯。

榮格：「因為經濟貧困，吃了很多苦吧？」

「是的，沒有錯。」

「您在幼年時期曾經有過失去母愛的經驗吧？」

亞伯拉罕・林肯（一八〇九年～一八六五年）

「嗯，你說的對。」：

「您也嚐過死別的痛苦吧？」

「確實如此。」

「您很想上學好好學習，可是卻事與願違吧？」

「你說的沒錯。」

問與答的雙方可能會出現這樣的問答吧？

如果再問他「自己沒能學得高深的學問，卻看到其他的政治家都唸到大學畢業，您一定覺得很遺憾吧？」大概也會得到「沒有錯」的答案，再問「未婚妻過世的時候，您一定很傷心難過吧？」可能也會得到「你說的沒錯」的答覆。

然後再問他「因為外表很醜，讓您產生很強烈的自卑感吧？」也許他會回答「沒有錯」。

如果以「因為有個少女對您說『叔叔，您留鬍子看起來很有威嚴哦』，您依言行事，結果大獲好評，當時您一定也高興了好一陣子吧？」這樣的問答方式來進行分析的話，可能連林肯都會成為病例吧？

可是，光是這樣進行分析是無法解決問題的，除了林肯之外，還有很多人都符合我們剛才提到的那些狀況。

也就是說，有「出生於貧困的家庭」、「沒有高學歷」、「父母早逝」、「結婚之前，戀人死亡」、「選舉落敗」，以及「個子高大、削瘦不長肉的『蜘蛛型人』，留絡腮鬍看起來比較有威嚴」等等這些特質的人還有很多，但是，這些因素都與林肯的成功沒有直接的關聯吧？

如果問林肯「如果要成功，應該還有其他別的動機，那個動機是什麼？」他可能還是會舉出「對神的信仰」或「對人們的愛」吧？

如果問他「為什麼會產生這種想法呢？」他或許會說「我們家很窮，只有《聖經》可看。聖經的內容深入我的內心，讓我成了現在的我」。然而，其他讀過《聖經》的人還有很多，但是我們不能斷言，所有的人都會變成跟林肯一樣。

此外，林肯後來是成了一位律師，但是因為家裡只有「法律用書」和《聖經》，他因為沒有接受過高深的教育而在選舉中落敗，可謂是吃盡了苦頭，然而在這樣的環境當中，他絲毫不欽羨別人，仍然靠自己不斷地努力。

為了學習演說，只要一聽到「有口才專家來到附近的城市」，他就會步行幾十公里之遠，只為了去聽專家演講。

他這種靠著努力克服逆境，終究獲得成功，這樣的模式當中有著堪為許多人範本的特質存在，最後成就了偉人傳記，獲得人們的尊敬。

研究這樣的人，或許比較可以讓這個世界變得更豐饒富裕。

相反的，以日本為例，一些週刊雜誌總愛不斷地列出某個人的缺點，企圖將這個人全部加以否定，在找不到當事人可讓人著墨的點時，甚至想透過其家人的缺失，將整個家庭都崩毀殆盡。

所以，這兩種觀點都是可能存在的，往那個方向（馬斯洛的人性心理學）發展的人，心靈應該是比較健全的吧？

而像弗洛伊德或我這樣的人，大概是有什麼「不健全」的部分吧？

聞到「戰爭的煙硝味」的榮格及凱西（Edgar Cayce）

武田：在榮格博士的時代裡，不斷地造就出成為心理學之祖的人來，而在榮格博士的年代稍早之前，世間非常盛行靈性論（spiritualism），在同一個時代，愛德加．凱西先生在美國也非常活躍。就靈性方面來說，看來天上界的計畫是對這個時代有某些特別的期待吧？

榮格：人類歷史上有過第一次、第二次大戰，以當時的狀況來看，這或許就真的是《聖經》中的「啟示錄」所說「人類的終結」。人們第一次跨越國界發動戰爭、跨海掀起戰火。

再加上科學不斷進步，破壞力也不斷強化，所以，我們嗅到這種「戰爭的煙硝味」……，嗯，其根源畢竟還是在於「人類所抱持的念頭」。

我完全無意否定馬斯洛的「成功的心理學」，但是，如果像希特勒那樣的人只醉心於學習「成功的心理學」，而且完全不懂得反省的話，一定會犯下錯誤吧？

希特勒身為一個貧窮的美術學生，度過倍受各種壓抑的青春時代、不堪的年輕時光，對於這個歷程，我覺得有進行分析的必要。

所以，只看片面是有危險性的。譬如，站在宗教的立場，倡言「成功的心理學」，也就是「人類幸福學」固然是好事，但是反過來說，也要仔細確認造成不幸的原因。雖然不至於需要做案例研究，但是把「有人因為有這種思考方式，採取這種行動，所以成了不幸的人」的狀況區隔出來也是必要的。

畢竟當中還是存在有讓人恐懼之處。

愛德加・凱西（一八七七年～一九四五年），美國的預言家、心理治療師

九．心理學應該扮演的角色

各個宗教之間，找不到解決「善惡的問題」的辦法

酒井：根據「弗洛伊德的靈言」所說，弗洛伊德的功過中的「罪」，在於「弒殺宗教」。

此外，從剛剛討論到希特勒的事情讓我想到，關於「善惡的價值觀」，舉例來說，那個世界明明就有天使或神，或者惡靈的存在，然而心理學者卻對此完全不清楚。我認為，這就是心理學的極限。

現在，心理學依然非常盛行，即便在美國，精神分析也取代了宗教，但是，如果繼續這樣放任心理學發展，最終不就還是會留下「否定神明」或「沒有善惡的價值觀」的問題嗎？關於這一點，請榮格博士告訴我們，該如何解決？

榮格：這可是個大問題，我想是超出了我的責任範圍了，不過我認為，弗洛伊德先生等人的想法當中，有某些猶太式的東西產生了效應。

這個世界長久以來即存在著「『猶太教社會』對『基督教社會』」的對立局面。要言之，關鍵就在於「將耶穌處以極刑，釘在十字架上，這個行為究竟是否正確」。

以這個世界的角度來看，這當中存在著善惡的問題。

但猶太教也不認為那是自己的惡。此外，基督教這一方面也不想和《舊約聖經》分道揚鑣，所以，人們把此事界定為「被預定進行的事情」，而不是視為完全的惡。

因為出現了「保羅的怪異傳說」──「在《舊約聖經》當中有『救世主被釘在十字架上』的預言，所以，為了成就這個預言，所以事情就這樣安排了。是基督把自己釘在十字架上，以救贖整個人類」所以雙方都在文化的層面互相指責，卻同時又建立起相互依存的關係，長達二千年之久。

所以，在猶太教體系和基督教體系當中，對於善惡的問題，事實上是沒有解決的辦法的。

如果猶太教這一方承認「我們犯了罪」，那麼猶太教在當下就消滅了。如果猶太教說「耶穌是救世主，我們的祖先是不承認身為神之救世主的人而將之殺害的罪人」

的話，猶太教在當時就崩壞了。

現在，你們遭到來自韓國和中國的指責「你們的祖先是殺人凶手。他們在亞洲屠殺了許多人，做了許多不法的勾當」，面對這種責難，你們對於「該不該謝罪」似乎有過各種不同的衝撞，但是，如果承認祖先們所犯下的罪是原罪的話，那麼，你們整個民族就會崩壞了吧？

所以，以色列民族之所以那般地好戰，也是基於像「刺蝟」一樣，企圖守護家園的心態。

另外再加上一個叫伊斯蘭教的宗教，而且開始倡言「我們信奉同樣的神」，以至於和基督教處於對立，也和猶太教相抗衡，問題真是相當棘手。

接受「曼荼羅的世界」才能得到和平

榮格：此外，基督教在其他的新興宗教大量興起時，因為自己的勢力已經坐大，所以成功地擊潰了其他的宗教。

基督教初期曾經遭到迫害，然而到了三世紀左右，在摩尼教興起之時，卻刻意加以彈壓、迫害摩尼教，成功地將之擊潰。因為成功地擊潰了將世界宗教化的勢力，基督教遂變成了非常「可怕的宗教」。

但相對的，基督教卻沒能擊垮伊斯蘭教。

所以，在「基督教對立伊斯蘭教」的情況下，「何者為善，何者為惡」或許已經來到了不得不做個決斷的時候了。

摩尼（Manes，二一五年～二七五年），摩尼教的開山始祖。

一個很嚴重的問題是，基督教認為「伊斯蘭教是個惡魔的宗教團體」，布希總統父子毫不考慮地就對伊斯蘭教世界宣戰，然而，現在的歐巴馬總統卻對伊斯蘭教抱持親和的態度，遲遲沒有走強硬的路線。

此外，還有另一種選擇，那就是帶有印度色彩，認同多樣化的事物，在寬容當中平息攻擊性的想法，也就是所謂的「佛教式的思想」，另外還有「中國的道教式的想法」，所以，我們是可以從這些方面找到解套的方法。

我有點傾向於「想把佛教式的思維帶入心理學當中」的想法。

善惡太過分明的世界不是很理想，可能會招來不幸，或者「像『曼荼羅的世界』一樣，世界因為有各種事物的存在而成立。能夠接受『這是一個有天使也有魔鬼的世界，世界也因而成立』的世界觀反倒比較能夠帶來和平」，這是我內心的想法。

但是，這個領域已經有點超出我的能力範圍，我無計可施，而你們目前似乎是朝著這個方向努力的，然而，就算以你們之力，是否就能解決這個問題呢？老實說，這是一個相當大的問題，若要問「是否能夠消除擁有超過十億信徒的宗教之間的對立」，我想事情並沒有那麼簡單。

一般說來，發生迫害事件的可能性也很高，所以，我想，不去涉獵這種事情，或許才是「長生不老」的秘訣吧？想以精神分析學之類的東西，來加以對抗幾乎是不可能的。那太勉強了。

榮格的時代有「解除宗教造成的壓抑」的需求

武田：透過剛才的對話，我們已經很清楚關於「解決宗教之間的紛爭」一事，但是，就如方才提問者所指出的，現今心理學取代宗教的某些部份已相當普及了。

榮格：嗯。

武田：這種狀況是好的嗎？或者，那是宗教本來就應該要完成的任務？關於這一點，您有什麼看法？

榮格：由於科學的流行，實質上的無神論者、唯物論者不斷地增加。可是，連這些人都還是有煩惱。即便是他們，也想獲得救贖。即便是他們，也想要有人可以諮詢。這個時候，「有一種非宗教的替代方法」也算是「一種拯救」。

我覺得，心理學或許就是因應這種「時代的需求」而出現的。

舉例來說，以宗教來說，有時候會採用感情移轉的方式，以「愛」或「慈悲」來鼓勵或救贖對方，但是，如果站在醫生的立場，也可以頂著一張撲克臉，冷靜而理性地來面對，以淡然的態度來「處理」，確實也有人適合這種方式。我不認為在現代，心理學這種東西會全部「消滅」。

所以，人們才會想要找人做人生問題的諮詢。我想，針對光靠自己的家人或老師、朋友無法解決的問題，許多人認為「走進教會的小房間進行懺悔的模式已經太老式了」，或者「牧師沒有辦法提供解決的方案」是很大的原因。

嗯……。所以，雖然各種不同的宗教也非常流行，但是，競爭很激烈吧？

我想，如果你們能夠有體系地構築起方法論，不但可以成為一門學問，而且也可望成為足以與心理學競爭的領域。

武田：成為這個重點的課題是什麼呢？

榮格：從某方面來說，心理學也有「與宗教對抗」的部分。

所謂「與宗教對抗」，嗯……弗洛伊德、榮格也一樣，追根究底，都是幼年時期面對父母親強大的權力。

所以，如果在百年之前，會有父母親的壓力和監視的力量，好讓孩子在婚前不會和異性有不純的交往。

這種情況是根基於宗教上的倫理要求而產生的，然而實際上，就臨床案例所見，有很多狀況就是因為受到這種性欲的壓抑，導致異常性大量發揮，演變為一種破壞力，形成破壞自己、破壞他人、破壞社會等的狀況。由此便可以知道「除非從『宗教的魔術』當中獲得解脫，否則是無法救贖的」。

一旦種下這種罪惡感，不但會讓自己受苦，事實上，性欲也會隨著自己本身的發展一起表現出來。從小孩子發育成大人的過程中，理所當然地就會顯現出來，否則，人類早就滅亡了，所以，我想這應該是神明所預定的事情。

要言之，人在小時候就有這種「相當於苗芽的部分」，如果在苗芽的階段，就過度讓孩子害怕可怕的父母會將那種苗芽給摧毀掉，性欲就會演變成不正常的形態，造就出許多罪犯。

所以，宗教幾乎都是這樣的，有很多事物都是被「對性欲的戒律」之類的東西，給束縛了幾千年之久。

一直到近代的約翰．斯圖爾特．穆勒（John Stuart Mill）提出「自由論」開始，追求自由的人們明確地表達自己的心情，同時也出現了另一種思維「光是神的預定說無法讓人信服。人們應該有自由選擇（結婚的）對象的權利」。

以前，婚姻受到身份制度的限制，人們總是說「同樣階級身份的人才能結婚。家世要門當戶對……」但是，後來就演變成「在都市地區，人們可以自行交往結婚」的情況。

這個時期就是出現「必須解開宗教施加的禁制」的需求的階段。

我認為其中有部分是心理學有效地作用使然。很多人在這方面都背負著罪惡感，而教會也透過讓人產生這種罪惡感，促使信眾捐獻。有部分是源自「這樣做會墮入地獄哦！若不捐獻，就會墮入地獄哦！」的思維。

所以，我懷疑人們是否真的從這當中獲得解放了？

約翰・斯圖爾特・穆勒（一八〇六年～一八七三年），英國的哲學家、經濟學者。

弗洛伊德用一句話來做總結，那就是「性欲的問題」。雖說他自己本身就是墜入其中的漩渦（注：弗洛伊德置身於無間地獄和色情地獄合併起來的地獄界裡。參考前篇「弗洛伊德的靈言」）我覺得他好可憐，啊！我是不是長期太過關心他了（苦笑）。

武田：我明白了。

十・榮格讓人驚訝的「過去世」

榮格給誰「解析夢境的靈感」

武田：那麼，我想請教榮格博士關於「靈性真實」一事。

榮格：嗯。

武田：首先我想請問榮格博士的工作，請問您現在於天上界都做些什麼事呢？

榮格：嗯，現在的工作嗎？

武田：是的。

榮格：嗯……。說起來，靈界的時間跟這個世界是有很大的不同的。我過世之後才過了五十年左右，唔，說起來那只是一眨眼之間啊！

武田：是的。

榮格：在那邊只是一眨眼之間的時間，所以沒能做什麼大事。我必須探訪靈界，學習各種事物，也還得學習真理，所以，我一邊做這些事，還一直在探索「我能對世間提供什麼協助」。

所以，就這一層意義來看，我想我的工作就是多多少少提供建議給心理學者，還有需要我的建議的人。

武田：舉例來說，您提供建議給誰？有沒有我們知道的名人？

榮格：是有名人哦！嗯。譬如大川隆法吧？

武田：是嗎？

榮格：嗯。是的。只是一直都沒有人叫到我的名字，事實上，我已經進行過幾次指導了。

武田：是什麼樣的內容？

榮格：嗯？你說「什麼樣的內容？」嗯，譬如「夢的解析」之類的。

武田：夢的解析？

榮格：嘿嘿嘿、哈哈哈。

武田：譬如「昨天晚上做的夢是這種意思喲？」

榮格：嗯。是啊是啊！他好像經常做夢呢！我就是給他「解夢的靈感」。有時候啦！

武田：是這樣啊！

榮格：嗯。我就是在做這些事。宗教家鮮少做這種事。佛教學者之類的人也不會做這種事。

武田：嗯，原來如此。

榮格：所以，因為他是個常做夢的人，所以，我偶爾會解釋夢境給他看。

武田：您在天上界和什麼樣的人一起從事研究或工作呢？

榮格：很出乎我意料之外的，各種國籍的人都有。

武田：啊，是嗎？

榮格：嗯。我跟各種國籍的人一起共事。

另外，有像學者一樣的人，也有像僧侶或神職人員之類的人，也有很努力地從事難民救濟工作的人，或者從事所謂的醫療團工作的人，更有致力解決糧食問題的人，各種人都有。

武田：有特別親近的人嗎？譬如哪一位呢？

榮格：我不知道你說的「親近」是什麼意思……。

武田：譬如一起工作的人之類的……。

榮格：我們鮮少一起工作……。

武田：沒有一起嗎？

榮格：嗯。因為沒有一起做，所以就工作的意義來說，我算是獨自作業吧？

心理學不鼓吹的「貫穿世間與靈界的幸福」

榮格：（對著旁聽席）各位有什麼問題嗎？

齊藤：那麼，我想請教一個問題。自從榮格博士回歸天國之後，就是像這樣工作……。

榮格：妳已經斷定是「天國」嗎？

齊藤：（苦笑）

榮格：我沒有說我在天國喔……。

齊藤：抱歉。

榮格：我可能也置身於地獄呢！我或許正繞著巨大的柱子不停地打轉。所以，如果沒有問清楚的話……。

齊藤：我只是基於「榮格博士對天國和地獄有所認識」的假設來請教……。

榮格：嗯。

齊藤：我記得榮格博士曾經說過「接觸神聖的事物，也就是神靈方面的事物，結果，獲得最終的療癒」。

榮格：嗯。

齊藤：這個問題和「善惡的問題」一樣，或許已經超越「心理學的領域」，進入「宗教的領域」了，但是，您剛才說過「這個世界的人，也有人因為心理學方面的知識而獲得療癒」。但是，人終歸一死，死後將前往天國或地獄。所以，我想，「傳達靈性世界是真實存在」的訊息，是獲得靈界幸福所必要的條件。心理學或許有極限，但是以「幸福學」來說，您對於貫穿世間與靈界的幸福一事有何看法？

榮格：唔，經妳這麼一提……。舉例來說，有一部電影叫《靈異第六感》（Six Sence，一九九九年美國電影）吧？

電影的情節是「有一個少年可以看到靈魂，一個精神科醫生一直在照護他，為他進行診療，但是，都沒有人發現到這件事。而最後的結局是，事實上是那個精神科醫生沒有發現到自己已經死亡，因為少年具有靈視的能力，所以他才能和少年交談」，這是很有名的一部電影。

那部電影在我們心理學者之間頗獲好評，但是，如果看過這部電影，大家對心理學大概都會失去「皈依之心」了吧！

想透過心理學救人的人，其實連自己已死亡都不知道而徬徨游移，明明是少年救了他，卻一直自認為是自己救了少年，努力地為他進行諮詢，這種事是有可能發生的。

我想，看了那部片子之後，人們多少會產生「精神分析嚴重地傾向唯物論」的感覺。只透過這個世界的原因，譬如對患者投與這個世界的藥劑來解決問題，這件事本身就是個問題，我認為，有些東西最終還是必須仰賴「信仰」或「神的救贖」、「天使的救贖」才能醫治，才能獲得救贖的。

唔，我想，（在心理學的領域）是不鼓吹這種觀念的吧？

所以，如果有人問我「心理學者死後是前往天國還是墮入地獄」，嗯……七比三的比例或許是前往地獄吧？

武田：七比三嗎？

榮格：七比三左右。我想，大概有七成是會下地獄的。

武田：榮格博士回到哪一邊去？

榮格：唔，她（齊藤）是把我分類到天國去，所以……，

武田：這樣好嗎？

榮格：嗯。我寧願這樣相信。

武田：寧願相信？

榮格：我覺得自己並沒有繞著巨大的柱子轉的感覺，所以我想應該是沒問題……。

佛教派系中比較親近的是「弘法大師空海」和「天台智顗」

武田：您的身邊有哪些人呢？

榮格：啊？

武田：有哪些我們認識的人嗎？

榮格：嗯，有很多佛教派系的人哦。因為佛教極力推廣認識論。在佛教的歷史當中，推廣心理學，或者叫認識論的人為數不少。

至於在佛教派系中跟我比較親近的人，弘法大師空海這個人是比較親近。

武田：很親近嗎？

榮格：嗯、嗯。是很親近。

弘法大師空海（七七四年～八三五年）
平安時代初期的僧侶。前往中國留學，被惠果指名為法燈繼承人，成為第八祖，把真言密宗帶進日本。

武田：哦？原來如此。

榮格：另外，嗯，還有一個叫天台智顗什麼的人，在佛教派系裡是跟我比較親近的人。

武田：是嗎？

曾經生而為日本佛教巨人的榮格

武田：榮格博士的過去世就如我們現在提到的，是佛教派系的人嗎？

榮格：在佛教界裡，鑽研認識學的人也不乏其人……。歷史是很漫長的。我想，我可能曾經投胎轉生而為這樣的人吧？

武田：請問，是叫什麼名字呢？

榮格：在基督教圈裡，大家恐怕都不怎麼相信這種事情吧？他們的認知頂多到「阿尼瑪與阿尼穆斯的世界」而已，所以，我只能說「我的阿尼瑪……」。

天台智顗（五三八～五九七）中國天台宗實質上的開山始祖。

武田：那麼，就請您談談「我的阿尼瑪……」

榮格：說到輪迴轉世……。即便在宗教的領域，一提到這種事也會突然就變成是一種異端，怎麼說呢？如果往「聆聽印地安巫師的聲音」之類的靈性論（spiritualism）方向去解讀的話，就會進入惹惱弗洛伊德先生的世界，這可是不行的。

武田：幸福科學完全沒有這種偏見，所以請您可以毫無忌憚地……。

榮格：老實說……，真要討論下來，我想可能就會變成「以你們的語言來說的話」的模式……。

武田：是，無所謂。

榮格：以你們的語言來說的話，我想我是弘法大師空海轉世的。

武田：哦！（露出驚愕的表情）

榮格：大概是。

武田：大概？

榮格：我想大概是。如果做個「分類」，我想是這樣。

武田：所謂的如果做個「分類」是什麼意思？

榮格：我不知道。所以我說，在心理學領域是沒有這種概念的。因為沒有「（靈魂的兄弟姊妹）本體、分身」的概念，所以我有點難以說明。

轉世為印度的佛教門徒或《舊約》當中的一個預言者

武田：那麼，假設您就是空海高僧，其他呢？

榮格：嗯。我想我還可能是一個出生於印度的佛教徒，在倡導唯識論的人當中有一個靈魂的手足。

兩界曼荼羅 以視覺的方式表現成為日本密宗中心的大日如來佛所說的真理或頓悟的境界的曼荼羅。大日如來居中，另外有眾多的「佛」遵循一定的秩序配置而成，「胎藏界曼荼羅」（右）、「金剛界曼荼羅」（左）兩個曼荼羅合起來稱為「兩界曼荼羅」。現存的兩界曼荼羅，幾乎都源自空海從唐土帶回來的東西。

武田：我想應該是相當有名的人吧……。

榮格：大概是吧？

武田：大名呢？是哪一位呢？

榮格：也許是很有名，不過，我想大概沒有人看過著作吧？可能是一個著作不獲大家青睞的人吧？

武田：大名是？

榮格：啊？我就說是「倡導唯識論的人」……。

武田：是。

榮格：我這樣說就清楚了吧……

武田：是無著或世親之類的人吧？

榮格：嗯，應該相當接近了。

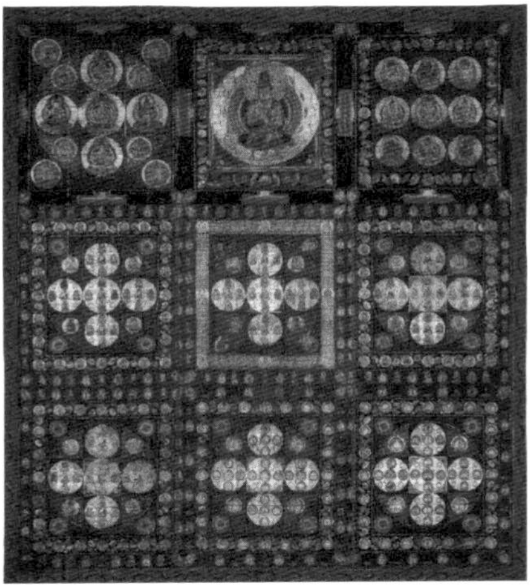

武田：無著先生？

榮格：唔，我不知道。

武田：是世親先生嗎？

榮格：我不知道。

武田：現在我們談的是「靈魂」方面的事情，在歐美國家，即便是空海大師也已經行不通了。說些在歐美國家行不通的話語，也是於事無補的吧？

榮格：啊，空海也已經行不通了嗎？

武田：嗯。

榮格：只要能在日本通行就好了吧？

武田：在印度……。

榮格：不，在印度那種地方是不通的。說了也不通，算了吧。

武田：是無著高僧嗎？

榮格：唔，我應該曾經轉生為一個進入唯識論領域的人吧？此外，理所當然的，如果我的靈魂手足連一個人都沒有進入基督教系或猶太教系的流派當中的話，也未免太奇怪了吧？我想，當然也必須進入預言家的流派當中的某個人身上。

武田：叫什麼名字呢？

榮格：啊，我不知道。「教義」當中沒有說這種事，所以我不知道，嗯。反正應該是個頭腦很好的人吧？

含糊帶過「其他的過去世」的榮格

武田：前一世您是榮格博士，對吧？

榮格：是的。

武田：那之前的前一世又轉生為什麼人呢？

榮格：我想是空海。

武田：是空海高僧嗎？

榮格：嗯。

武田：我聽說，空海高僧和愛爾康大靈的緣份非常深……。

榮格：所以，我剛剛不是說我幫他做「夢的解析」嗎？

武田：是，瞭解了。

如果用其他的方式來形容的話，請問您跟愛爾康大靈是什麼關係？

榮格：嗯，所以呢，那個，嗯……。這就有點進入深層信仰的部分了。

武田：是。

榮格：空海擁有類似「大日信仰」之類的信念。唔，說起來，地球上各個地方都有這種太陽信仰。

武田：是的。

榮格：所以，這個問題等於是問「以什麼樣形式，將存在於地球各地的類似大日信仰的事物所代表的意義，降臨到地上」吧？唔，這個部分應該是非常重要的吧？

武田：具體來說，為了達到這個目的，您是以什麼形式工作的？

榮格：嗯，所以，唔，我這樣說也許聽起來很奇怪，不過，我想是以進入「覺悟和成佛的關係」的形式。

武田：嗯。

榮格：我的意思是「透過得悟而進入『成佛的世界』，也就是進入『佛的世界』，而進入佛的世界之後，前方有著『像靈界的太陽一般光輝閃耀的存在』」。啊，我是往那個方向去的。

武田：如果榮格博士轉生成空海高僧的話，我想您一定有過一段歷史是居於主導地位來指導日本的……。

榮格：是啊，所以，我也指導香川縣和德島縣啊！

武田：是嗎？

榮格：嗯、嗯。

武田：譬如，更久以前，也就是在日本神道的眾神時代，您就來過日本了？

榮格：是的。嗯……。在那之前，我好像是個外國人。

武田：您在日本只轉世為空海高僧一個人嗎？

榮格：嗯，啊，以現在的狀況來說，這樣不就好了嗎？

武田：以現在的狀況（笑）……。

榮格：嗯。啊，別這樣……。

因為我喜歡你們，我是很想給你們很多各種不同的人名，但是……（會場大笑）。

讓這個世界的人們產生混亂可不是一件好事啊！

武田：是嗎？

和「海爾梅斯神」（Hermes）有著深遠的靈魂方面的關係

武田：最後可以請教一件事嗎？榮格博士的著作當中，也有以「鍊金術」或「UFO」為主題的作品，您為什麼要寫這種內容的書呢？

榮格：終究你還是問了這個問題啊……

武田：針對這一點，最後想請您發表意見。

榮格：所以，唔，我也跟海爾梅斯一起合作工作過……。

武田：啊，您是說您和他轉生在同一個時代嗎？

榮格：因為跟海爾梅斯在靈魂上也有相當深的關係。嗯，在靈魂方面也有關係，所以「有契合的部分」。

所以，就宗教的角度來說，我有著「魔法師」的面向在。所以，即便是空海，照道理說，也應該具有理科的頭腦，但是，這一部分

海爾梅斯 四千三百年前真實存在於希臘的英雄。提倡「愛」與「發展」，為全希臘帶來繁榮，成為西方文明的源流。是幸福科學的本尊愛爾康大靈的分身之一。

（和海爾梅斯有關係的面向）也是曾經存在的。

啊，時代已久遠了，現實世界本來就存在有各種面向，是你們的認知所無法理解的。因為你們的腳步二、三千年就停住了，所以多說無用。

說穿了，我跟「海爾梅斯」是有很深的關係，要說跟「佛陀的頓悟」也有關係，那倒也是。

武田：原來如此。我明白了。

（問其他提問者）可以了嗎？

榮格：（指著宇田）妳沒有其他問題了嗎？坐得像個佛一樣，可以了嗎？

武田：（對宇田）可以嗎？（宇田點點頭）。

那麼，今天承蒙您提示寶貴的訊息，非常感激。

榮格：嗯。好的。

十一・總結容格的靈言

大川隆法（拍手一次）

如果想要經驗「宇宙即我」的體悟，或許就得有那麼高的層次。因為空海確實是有過「明亮之星躍入口中」的經驗（參考《黃金之法》（台灣 華滋出版））。

武田：榮格先生也確實有靈魂出竅的經驗……。

大川隆法：沒錯沒錯。因為他有俯視地球的經驗，所以確實是有可能。此外，出生地或許也會有影響，不過榮格和弗洛伊德的組合，讓人不知該怎麼說啊！

武田：是啊！

大川隆法：弗洛伊德以前也許也是某號人物。

武田：是的。

宇宙即我　自我的認知擴大，和宇宙合為一體的境界。但是，「宇宙即我」也有不同的階段，空海的體驗是屬於第一階段「靈魂脫離肉體，無止境地上升、擴大，俯瞰地球，地球看起來就像一顆小球」。參考《何謂極致的極致》（日本幸福科學出版）

（上：二〇〇〇年公開上演的電影《太陽之法》〔大川隆法總監製〕中所描繪的佛陀的「宇宙即我」的一景）

大川隆法：雖然他現在地獄，但是從他給人的感覺看來，他以前大概是某個「猶太族長」之類的人吧？

武田：是。

大川隆法：現在，他還沉落在洞穴當中，我們也只能等待他出來的時日到來了。

武田：是。

大川隆法：但是，榮格這個人活著的時候，該說他是相信靈或靈性世界嗎？總之，他是能夠理解的。說起來，這種態度畢竟是很重要的。這種人的立場，跟那一個在不明究理的情況下，堅決地認為「我是『從懸崖上跌落的』，就別再說了」的人是有很大的差異的。

武田：是。

大川隆法：河合隼雄先生也經常提到佛教，所以應該也是有所關連吧？因為他介紹了明惠上人等人，所以我在想，「榮格心理學」應該跟「佛教」也有一點關係吧？

從這個層面看來，或許確實是跟「人類幸福學」是有關係的。

也就是說，在幸福科學大學裡是「可以學到榮格的理念」的。

武田：是的，謝謝您。

後　語

我的結論是，以一個宗教，至少算是比較先進的宗教的幸福科學來說，是比屬於一門學問的心理學更明確地往前邁進的，沒有用曖昧的抽象語言來模糊世界觀。而且，毫不隱諱附身靈也好，天使也罷，舉凡來自靈界的種種作用，同時擬定對策，我覺得這一點就已經是具有壓倒性的進步了。

在我的印象當中，逃避神佛的存在或靈界的證明，只想以科學的角度來彰顯一切的現代學者之類的「在家僧侶」，其真實面貌就是心理學者。心理學的教科書上沒有寫到的事情，只要細讀本會的著作就應該可以獲得解決。「誠實的宗教家」應該比「迷信的心理學者」更值得信任吧？

二〇一三年十二月十八日

幸福科學集團創始人兼總裁、幸福科學大學創立者　大川隆法

國家圖書館出版品預行編目(CIP)資料

弗洛伊德在地獄 / 大川隆法作 ; 幸福科學翻譯小組譯. -- 初版. -- 臺北市 : 信實文化行銷, 2014.11
面 ;　公分. -- (What’s being)
ISBN 978-986-5767-43-3

1. 新興宗教 2. 靈修

226.8　　　　103021075

What's Being
弗洛伊德在地獄

作者　大川隆法
譯者　幸福科學翻譯小組
總編輯　許汝紘
副總編輯　楊文玄
編輯　黃暐婷
美術編輯　楊詠棠
行銷企劃　陳威佑
發行　許麗雪
出版　信實文化行銷有限公司
地址　台北市大安區忠孝東路四段 341 號 11 樓之三
電話　（02）2740-3939
傳真　（02）2777-1413
網址　www.whats.com.tw
E-Mail　service@whats.com.tw
Facebook　https://www.facebook.com/whats.com.tw
劃撥帳號　50040687 信實文化行銷有限公司

印刷　上海印刷廠股份有限公司
地址　新北市土城區大暖路 71 號
電話　（02）2269-7921

總經銷　聯合發行股份有限公司
地址　新北市新店區寶橋路 235 巷 6 弄 6 號 2 樓
電話　（02）2917-8022

© Ryuho Okawa 2014
Traditional Chinese Translation © HAPPY SCIENCE 2014

2014 年 11 月 初版
定價：新台幣 280 元

若想進一步了解本書作者大川隆法其他著作、法話等，請與「幸福科學」聯絡。
台灣幸福科學　地址：台北市松山區敦化北路 155 巷 89 號
電話：02-2719-9377　電郵：taiwan@happy-science.org
網址：www.happyscience-tw.org
Youtube：www.youtube.com/user/happysciencetaiwan